株対価 M&A/株式交付制度について

（令和２年２月 10 日開催）

報告者　武　井　一　浩

（西村あさひ法律事務所パートナー弁護士）

目　　次

金融商品取引法研究会出席者（令和２年２月10日）

報告者	武 井 一 浩	西村あさひ法律事務所パートナー弁護士
会　長	神 作 裕 之	東京大学大学院法学政治学研究科教授
委　員	飯 田 秀 総	東京大学大学院 法学政治学研究科准教授
〃	大 﨑 貞 和	野村総合研究所未来創発センターフェロー
〃	尾 崎 悠 一	首都大学東京大学院法学政治学研究科准教授
〃	加 藤 貴 仁	東京大学大学院法学政治学研究科教授
〃	河 村 賢 治	立教大学大学院法務研究科教授
〃	後 藤 　 元	東京大学大学院法学政治学研究科教授
〃	藤 田 友 敬	東京大学大学院法学政治学研究科教授
〃	松 井 智 予	上智大学大学院法学研究科教授
〃	松 井 秀 征	立教大学法学部教授
〃	松 尾 健 一	大阪大学大学院高等司法研究科教授
オブザーバー	森 　 正 孝	ＳＭＢＣ日興証券法務部長
〃	窪 　 久 子	三菱ＵＦＪモルガン・スタンレー証券法務部長
〃	塚 﨑 由 寛	日本取引所グループ総務部法務グループ課長
研究所	増 井 喜一郎	日本証券経済研究所理事長
〃	大 前 　 忠	日本証券経済研究所常務理事
〃	高 木 　 隆	日本証券経済研究所特別嘱託

（敬称略）

株対価 M&A/株式交付制度について

神作会長　まだお見えでない方もいらっしゃいますけれども、定刻になりましたので、ただいまから第13回金融商品取引法研究会を始めさせていただきます。

本日は、既にご案内を差し上げておりますとおり、武井一浩先生から、「株対価 M&A/株式交付制度について」というテーマで、令和元年の改正会社法を中心に株対価の M&A についてご報告いただくこととなっております。

それでは、武井先生、ご報告をよろしくお願いいたします。

［武井委員の報告］

武井報告者　武井でございます。よろしくお願いいたします。

お手元にパワーポイントのレジュメと論文を1つつけてございますが、パワーポイントのほうに沿ってお話しさせていただきます。

今回の会社法改正で株式交付制度ができました。株を対価とした M&A、これは現金を対価とした M&A との比較という形で申し上げていますが、株を対価とした M&A について、法制度の整備の重要な一歩が刻まれたということかと思います。まだまだいろいろな論点があるかと思いますので、きょうは、幅広く株対価 M&A に関する話をしていければと思っております。

Ⅰ．株対価 M&A の制度整備の重要性・意義

1．株対価 M&A 制度の解禁

まず、1の「株対価 M&A の制度整備の重要性・意義」ですが、3ページをごらんください。株対価 M&A の問題意識です。

P 社は株を発行する側、S 社はターゲットの会社です。P 社、S 社というのは、Purchaser の「P」と Seller の「S」で、きょうはずっとこの形でお話しさせていただきます。M&A において、現金対価でやるか自社株対価でや

るかは、少なくとも中立的な選択肢であるべきです。どちらにもメリット・デメリットがあるといいますか、果たす機能が違うので、現金でM&Aをやろうが、P社株（自社株）を使ってS社を買おうが、本来これは両方選べるべきだと思っております。

日本の法制は、現金対価はもちろんいろんな形でやればいいんですけれども、P社株を対価にする場合に関しては、やや偏っているといいますか、発展しているエリアが狭いように思います。法制的制約だけが理由かどうかはわかりませんが、株対価M&Aは日本ではなかなか進んでいないということかと思います。

2018年に産競法が施行され、2019年、会社法改正で株式交付制度ができました。株式交付制度に関しては、税制措置は2020年のこれからという状況です。

２．株対価M&Aの意義

４ページは、株対価M&Aの意義です。

（1）デジタルトランスフォーメーション（DX）/デジタルイノベーション時代にますます重要な株対価M&A

いろんな意義がありますが、最大の意義は、手切れ金となる現金対価と異なり、株対価では、S社株主がP社株を持つ結果、S社株主はM&Aによるシナジー効果を享受できる。両者協働によるオープンイノベーション促進やエコシステム形成等の前提となる重要な選択肢であるということです。

皆さんご存じのとおり、特にここ数年、デジタル化とグローバル化がとても進んでおります。第4次産業革命とかIoTとか､DX及びデジタルイノベーションの時代において、どうやってデジタル化に対応するかということですけれども、デジタル化への対応というのは、基本的には、いろんな企業と組めるということが大変重要になります。その組むときに、現金だけで買って組むというのは極めて偏った選択肢でして、株も使って組むことによって達成できる効果が多々あるわけです。

一番有名な事例は、５ページに書いたGoogleです。Googleは、YouTubeを含めていろんなところと組んできていますが、ほとんど株対価を使っています。株対価か、株と現金を混ぜる混合対価なのですけれども、Ｐ社株を対価として積極的に使っています。そうやって次々と組んでいくことによって大きくなってきたわけで、少なくとも株対価に関する日本の現行法制度は、欧米に限らずアジアも含めて、海外企業とイコールフッティングになっていないということは大変重大な問題ではないかと私は思っております。Googleは20年近く前からこういう形で、もともと選択肢としてある株対価も積極的に使ってイノベーションを達成してきましたが、日本にこの選択肢が余りなかったのは大変残念な話だなと思っております。

（２）現金対価と機能が違う株対価も中立的に選択できるべき

現金対価というのは、ある意味、買う段階でＳ社の価値を現金にわざわざ換算します。将来どうなるかわからないものを今の段階で現金に換算するわけです。そして、高い低いという目線が合えばM&Aが成約しますが、高い低いが合わないときに、その段階の現金に換算して現在価値にしてしまうので、将来価値の目線を無理やり合わせる行為をしている面があります。一方、株対価の場合は、将来どうなるかわからないので、株を通じてシナジーを享受しようという別の機能・効果があります。だからさきほどのGoogleの例を含めてイノベーションに取り組む企業の連携にとても重要な機能を果たすわけです。

従って、株の対価と現金の対価というのは果たす役割・機能がそれぞれあるわけで、真の意味で付加価値を高めるM&Aを行おう、きちんと組もうと思ったら、本来は現金対価と株対価と両者が中立的に使えないといけないわけです。現金対価はやりやすいけれども株対価はやりにくいという法制度は、私はおかしいと思っております。

４ページの２は、Ｐ社株主、Ｓ社株主の観点から言い換えています。Ｐ社株主から見て、M&A対価における現金と株式との混合比率には、現金を出し過ぎたらＰ社の財務の健全性が悪くなるかもしれないということと、逆に株で出し過ぎたら希釈化の懸念が出るという形で、財務の健全性と希釈化の観点から適正なバランスがあるわけです。適正なバランスなので、現金100じゃなきゃいけないとか、P社株100じゃなきゃいけないというのは偏っているわけです。適正な混合比率が満たされるために、株対価をもっと自由にさせるべきという問題意識です。

6ページは、法制の現状です。極めてざっくりした表ですけれども、縦軸は、S社株式を100％取得か100％未満取得か、横軸は、対価がP社株だけか混合対価かという形で、2×2で4象限あります。組織再編法制が整備されたこの20年来の歴史の中で、現行、株対価に関して一番発展しているのはAです。要は、S社株式を100％強制取得、しかも対価はP社株オンリーであるという部分が組織再編行為という形で切り取られて、会社法と法人税法の取り扱いという形で手当てされている状態です。

しかし他のBからDまで含めた4象限とも、偏りなく自由であるべきでないといけないと思っているわけです。CとDは100％未満取得で、ここ最近は株式交付とか産業競争力強化法ができましたが、それまでずっと現物出資という形でやっていた。そして、BとDという混合対価の世界はいかんせん税法上の要件が厳しいということです。先ほどお話しした話は言い換えると日本の場合、欧米に比べて、B、C、Dの世界がほとんどないという問題です。Aは、株式交換を含む組織再編法制が20年以上前にできて、Aはいろんな形で使われているわけですが、B、C、Dがないというのが大きな問題です。そういう意味では、AとCだけではなく、BとD、現金と株を混ぜる混合対価の部分が大変重要だという問題意識を持っています。

次に7ページですが、さらに株対価M&Aの意義として、一番わかりやすいのは大規模M&Aができるということです。今回ようやく日本でも、混合対価として、武田・シャイアーで7兆円規模のディールが成立したわけですけれども、大規模M&Aの活性化という観点からも、株対価は大規模M&Aの重要な選択肢になります。

また、海外M&Aでの活用も可能なので、日本株がより広く海外に流通する一つの契機にもなります。

さらに、日本の経済成長戦略上の重要性です。昨今のデジタル化+グローバル化の時代は、まさに winner takes it all の世界と言われています。1社独占が起きる時代の中、現金だけで買うという選択肢のみで日本企業は本当に陣取り合戦に勝てるのかということもあります。日本企業の国際競争力を考える上でも、この法制度の現状は見直すべき大変重要な点ではないかと思っております。

中小企業に関しても、最近、事業承継などが問題になっていますが、6ページのAだけの世界、あるいは現金しかない世界ではなかなかうまく回りません。P社にお金がないとき、もしくはS社の企業価値に関する評価がよくわからないときなど、いろんな形の組み合わせの中で、B、C、Dの世界があることによって、中小企業における現在のさまざまな課題を解決することができる、重要な選択肢になります。

Google も昔はベンチャーだったわけです。手元資金に余裕のない新興企業等にとってもM&Aの機会が拡大します。株式市場等で将来の成長が期待されるものの、足元で資金に余裕のない企業にとって、企業成長に向けた積極的施策がより打ちやすくなる。これはまさに Google がやってきたことですが、いろんな意義があって、この選択肢を日本でもっと活性化すべきではないかと思っております。

8〜10ページは、経産省さんの資料を引用しております。8ページは、混合対価を含めて、日本はいかに株対価が使えていないかということが示された図表です。大型案件(上位20案件)の場合、日本は全部現金でやっていますが、アメリカ、イギリス、フランス、ドイツは、現金の比率はそんなに大きくなく、P社株なり混合対価でやっているという状態です。これだけが理由とは言いませんが、大規模M&Aが進んでいない1つの大きな支障ではないかということです。

9、10ページは、テスラとノキアが行った大型の株対価M&Aの事例です。両社とも、デジタルイノベーションの中で世界的にも重要な地位を占める企業ですけれども、株対価を活発に使っていることが示されています。

11ページは、2000－2010年の世界の大型買収案件ということでやや古いものですが、ヨーロッパでもかなり活発に株対価が使われています。現金だけというのはほとんどありません。20年以上前からこういう状態がずっと続いているということです。

（3）現金対価と機能が違う株対価を現金対価の法制に押し込めるのはおかしい

12ページですが、以上の通り、現金対価と株対価とは両方選択できるべきということです。1番目は、さっき申し上げましたが、手切れ金的な性格なのか、シナジーの継続享受なのかということの違いです。

2番目は、法制度に絡んできますが、額（S社の価値が幾らかの現金換算）で決めるのか、それとも交換比率で決めるのかということの大きな違いです。株対価で「比率」で決めて合意するものを、何でわざわざ「額」に換算するのか。現金対価の場合は当然「額」になりますが、額にすることによって合わない目線を無理やり合わせなきゃいけない。逆に言えば、目線が合わなければディールは成立しませんから、比率で合意すればいいわけです。それをわざわざ現金対価で「額」に直すと、その場合には合わない話もいろいろ出てくるということです。

ちなみに現金対価と株対価とでどちらがプレミアムが高いのかということについては、少し古い調査で現金対価のほうがやや高いという結果もありますが、ディール次第だと思います。

3番目は、P社側から見ると、たくさんお金を払ったら、財務の健全性が悪くなり、格付が落ちるかもしれないので、どこまでその影響を見るか。逆に、株を出し過ぎると希釈化（EPSの低下等）の問題が出ますので、そういったバランスの中で、現金をどこまで混ぜるか、株をどこまで混ぜるかという話になります。そこを含めて、現金対価とエクイティ対価との適正な混合比率があるというのが4番目です。

5番目は、受け取るS社株主からすると、P社株が信用できなかったらP

社株でディールはできないので、cash is king か、それともＰ社株は信頼できるのか、魅力があるのか、そういう話になります。

（4）株対価 M&A における現行税制の問題点

６番目は、日本の現行法制が現金対価に偏っているのはおかしいということですが、一番大きいのは税制です。税制の課題については 13 ページをごらんください。

税制措置は、2018 年の産競法改正でやっと一部だけ認められました。産競法で会社法の特例ができ、それにさらに上積みされる形で税制の特例があるわけですけれども、税制のほうについては利用実績がないということです。会社法のほうの特例については 2019 年末に１件出ましたが、Ｓ社が海外の会社の事例ですので、日本のＰ社に関する税制措置は直接関係ありません。

皆さんご存じのとおり、2019 年の会社法改正で株式交付ができたわけですけれども、現在、税制に関する措置は継続審議となっております。去年の 11、12 月に相当議論されましたが、もう１年、いろんな論点を確認しましょうという状態のようです。ちなみに神田先生も「令和元年会社法改正の成立」（『資料版／商事法務』430 号）の中で「株式交付制度は、税制が整備されないと利用されない可能性が高い」とはっきりおっしゃっているように、税制の整備は大変重要だということです。

税制上の論点ですが、まず、Ｓ社への法人課税が生じないことは必須です。この点は日本特有の変な話なのですけれども、株式交換が、今ですと組織再編税制に組み込まれていることによって、Ｓ社のほうに法人課税、いわゆる含み損益の課税を生じさせてしまうということです。これはゆゆしき問題です。単に株の交換しか起きていないのにＳ社法人自体に法人課税が生じる、こんな税制をやっているのは日本だけです。少なくとも、Ｓ社への法人課税が生じないことは必須だと思っております。

その上で税制措置のテーマは、Ｐ社株式との交換に応じたＳ社株主の株式譲渡益課税の繰延の話です。現在、組織再編税制という形ではいろんな規律があるわけですけれども、株対価 M&A の税制措置自体は組織再編税制の延長じゃなくても別にいいと思っています。ただ、現在課税繰延措置がある組織再編と何が違うのかということが議論では論点になってくるようです。課税繰延を否定される理屈として「組織再編は、Ｓ社株式が強制的に奪われているから課税繰延措置があるけれども、株式交付は、Ｓ社株主が任意で株を渡しているのだから組織再編の強制性がない」とかが言われます。ただこの理屈はよくわかりません。

一つには不動産の交換特例のような形で、任意の交換であっても課税繰延している例があるということ。取得請求権付株式とかも任意で株を交換しています。任意か強制なのかという問題ではないはずであるという問題意識です。もう１つは、日本とアメリカの組織再編税制をどう比べるかです。投資の継続性なる概念をどこから見るか。投資の継続性をどのように切り取るかということで、国によって比率は違いますが、欧米ではＳ社株式を少なくとも40～50%取得していれば課税繰延を何らか認めています。しかし日本では、さっきの６ページのＡの象限で、Ｓ社株を100%引っ張ってこないと組織再編税制にならない。要はＡとＣで、Ｃのところに拡張する、100%でなければいけないというところで議論がしこってしまっているのが現状なわけです。欧米は、Ａだけでなく B、C、D の領域にも広く課税繰延措置があるわけですけれども、日本ではＣだけで前に進んでいない状態なのです。

ＢとＤについては、Boot税制（混合対価の場合にＳ社株式の交換部分は課税繰延）に対するハードルが組織再編全体にあるんですけれども、現金を混ぜるということに関して、欧米では、現金が混ざった部分に関しては課税を実現し、株の対価の部分は繰り延べるということをやっています。これに対して混合対価は組織再編の世界ですら課税繰延が否定されてしまいます。

正直言って今の日本の税制は、かなりハードルが高く、偏りがある状態です。B、C、D 全部の領域に関して、税制まで含めた何らかの措置がないとイコールフッティングにはなりません。今後税制がどのぐらい変わるか、注目されます。

ちなみに日本では、特定口座でＳ社株式を保有している個人株主の場合、証券会社（TOB の場合は TOB 代理人）が源泉徴収しなきゃいけないわけです。Ｐ社株だけが交付されるときに、口座の中に現金がなかったら源泉徴収のしようがないということになってしまいます。結局、特定口座でＳ社株式を保有している個人株主が一定数いて、そういった方からも TOB の応募を受けようと思ったら、きちんとした課税繰延措置がないと、そもそも TOB をやっても特定口座の人は誰も応募してこないという問題が起きます。したがって、ここを含めて税制がきちんと整備されないと、特にＳ社が上場会社で TOB を使う場合には、なかなかこの制度は使われないということになるので、税制措置は大変重要です。

（5）混合対価に対する法整備の重要性

14 ページは、混合対価の話を少し追加でしております。まず先ほども申し上げましたとおり、日本の混合対価に対する税制（現金非交付要件）は欧米に比べて厳し過ぎるということです。

また、会社法についてはこの後お話ししますが、会社法上も、Ｐ社が現金を混ぜたときにＰ社側に債権者保護手続が必要というのは過剰です。これは、株式交換とイコールでつないだからこうなったわけですが、やはり欧米にはない話で、勘弁してほしい部分があります。

ちなみに、混合対価といったときに、いろんなパターンがあります。例えば、（1）は、Ｓ社株主に一律にＰ社株と現金を混ぜて交付する「ユニット対価型」。（2）は、Ｓ社株主にＰ社株と現金との選択を認める「選択対価型」です。普通イメージしやすいのは（1）ですけれども、これがなかなかできないということです。

だったら、「異時型」といいましょうか、タイミングをずらして、最初の人はＰ社株だけ、２段階目の人は現金だけというやり方もあるのですが、経済合理性の仕組みが違うので、それはあくまで疑似の混合対価です。本来はみんなに同時に同じものを選択できるというところまでいかないと、欧米とはイコールフッティングにならないという問題整理です。

Ⅱ．株対価 M&A の選択肢の比較

１．現物出資型の難点

続きまして、２の「株対価 M&A の選択肢の比較」です。

16 ページをごらんください。産競法でもなく、株式交付でもなく、何もなければ現物出資になるわけですけれども、いかんせん現物出資に関しては、昔から言われているように３つの難点があります。１つ目は、P 社取締役及び S 社引受株主の価額塡補責任の問題。２つ目は、検査役調査の話。３つ目は、P 社における有利発行規制です。

ちなみに価額塡補責任に関しては、「P 社株の発行価額１円」というふうにしてしまえば価額塡補責任は生じないわけですが、こんな技巧的なことをやるのは、少なくとも P 社が公開会社の場合は難しいですし、実態にも合いません。

そしてこれらの三つの規律の問題の根っこは、いずれも共通しています。下に図を描いていますが、要は S 社株と P 社株は１：α みたいな感じでシナジー等を勘案して交換比率を決めて合意したのに、その後、両社とも上場している場合は双方の株価が動いていく中で、closing の段階で P 社株の X 円の発行に対して S 社株が Y 円しか来ていなかったら、つまり Y が X より低かったら、（X－Y）円を払えという規律は、そもそも合っていないんじゃないかという問題意識です。これは、比率で決めたものをわざわざ額に換算しているところに問題があると思っております。

17 ページは、現物出資規制をめぐる議論です。平成 17 年会社法改正時に、法務省の立案担当官のかたが一定の考え方を示されましたものです。要は、P 社株主間の価値移転の話を前提に、債権者保護に関する基準、検査役調査、価額塡補責任については見直したということです。これは有名なことなので皆さんご存じかと思いますけれども、参考として当時の議論を貼り付けておきました。

２．2019年改正会社法による株式交付制度の導入

では、次に2019年改正会社法による株式交付制度です。どういうものかといいますと、条文で、「株式会社（P社）が他の株式会社（S社）をその子会社（法務省令で定めるものに限る）とするためにS社の株式を譲り受け、S社株式の譲渡人に対して当該S社株式の対価としてP社の株式を交付することをいう」と定義されています。その子会社というのは、実質基準ではなく形式基準での子会社でなければいけないとか、外国子会社はだめとか入ってきますけれども、これが株式交付制度です。

改正趣旨は、法務省の立案担当官が『商事法務』2220号に書いた解説を18、19ページに載せておりますが、この制度の１つの趣旨としては、現物出資規制といったものの障害があるので、今回新しく株式交付制度をつくったという説明です。

次に20、21ページは各手法の比較表です。20ページは、「現物出資型」と「産競法型」と「株式交付制度」を並べたものになります。「政府からの認定取得」「P社側の株主総会決議等の要否」「P社株式発行時のP社の決議内容」「有利発行規制」「現物出資規制＋価額塡補責任」「P社の債権者保護手続」「P社株主の差止請求権」「P社株主の株式買取請求権」「S社がすでに子会社の場合」「S社が外国会社の場合」とありまして、それぞれ差異があることがおわかりになると思います。

21ページは、「株式交付制度」の右側に「組織再編（株式交換）」を加えたもので、こちらも対象項目によって違いを書いています。今回の株式交付制度は、現物出資規制に対する対応として、組織再編にある程度寄せた中で設計されており、いろんな意味で組織再編に近いものになっています。もっとも産競法も組織再編に近い形でつくっていますが、現物出資型と組織再編の中間に産競法と株式交付があって、その中で細かい差をつけているということです。

３．株式交付制度の射程の制限

22ページは、株式交付制度の射程の制限です。今回の株式交付制度の創設は大変重要な第一歩で、ぜひここからどんどん議論が膨らんでいくことを願っています。

株式交付制度に関しては、20、21ページの表にも絡むんですけれども、いろんな射程の制約があります。典型的なのは、１の（１）のＳ社が外国会社の場合に使えないということと、（２）のＳ社が50％を超えるワンショット、その瞬間でしか使えないという、この２つです。どういう理由によるものなのかは知っておりませんが、推測するに、組織再編の射程の明確性等から起きたのかもしれません。ただ、実務的には痛い話です。

２もほかの制度との比較になるんですけれども、（１）は、簡易以外のときにＰ社側に株式買取請求権が生じること。これも痛い話です。

（２）は、混合対価の場合、簡易の判定において、現金対価部分を加算した上での２割判定。今、株式交換はそうなっていますので、そちらにそろったということなのでしょう。その結果、簡易の範囲が狭いということと、株式買取請求権が生じやすい、この２つの効果が生じるというのが簡易の箇所です。

（３）は、混合対価の場合、Ｐ社側に債権者保護手続を要するというものです。

ちなみに、２の（２）と（３）は産競法のほうでは生じません。2011年に産競法の会社法特例ができたんですけれども、その段階でも、組織再編のアナロジーという形でやった中で、２の（２）と（３）はそうじゃなくてもいい。（２）に関しては、現金対価の部分は、単にＰ社がＳ社の株を現金で買っているだけだと割り切って、簡易の判定に含めないというふうになっていますし、（３）の混合対価の場合、現金を混ぜたからといって、債権者保護手続にはなっていない。今回はいろんな理由があったのかもしれませんが違いがあります。

「ラクダと馬の“ラバ”」というか、２つの制度を混ぜ合わせているという意味ではラバのようなものです。ラバのとき、どこまでをラクダにするか、どこまでを馬にするかが、産競法型のラバと株式交付のラバとで違っていると。その実質的理由は私にはよくわかりません。

また、２の(１)の株式買取請求権については23ページに書いていますが、実務上、大変な影響があります。混合対価で、現金とＰ社株式の比率に適正比率がある、調合比率に適正性があるという考え方からすると大変痛い話なのです。特に武田・シャイアーの場合、このときまだ株式交付はありませんし、産競法特例は施行されていたんですが、産競法型は使われませんでした。それには２つの大きな理由があったと案件の担当弁護士が商事法務に書いておりまして、１つはこの買取請求権の問題でした。

財務の健全性と希釈化の程度等について緻密な検討が行われた上で、武田薬品株式0.839株と30.33米ドルという混合対価がせっかく決まったのに、それに対して、Ｐ社株主から最大で３分の１に至る買取請求権でのキャッシュアウトが起きる。これはとても採用できる選択肢ではない。要は、混合対価の比率をちゃんと決めているのに、後でＰ社から幾ら現金が出るかわからない。この瞬間、この手法は選択肢ではないというのが１つの大きな理由です。ですから、武田・シャイアーは産競法型を使いませんでした。そういうことで、２の（１）のＰ社側の買取請求権というのは、株対価M&Aの観点からは相当痛い話になります。なお、株式交付に関する法制審議会の議論でも、Ｐ社側に株式買取請求権を要求することは過剰規制ではないかという意見がありました（法制審議会会社法制部会第13回会議［加藤貴仁幹事意見など］）。

４．2018年の産業競争力強化法改正の主なポイント

24ページは、2018年の産競法改正の主なポイントです。

これも大変重要な改正だったと思います。まず、株対価M&Aの会社法特例の対象拡大です。産競法のほうは株式交付と違って、子会社ではなく関係事業者という概念で切っていて、関係事業者というのは、40%以上＋実質

があると該当するのですけれども、株対価M&A前から関係事業者であった場合も会社法の特例を使っていい。また、相対取引でもいい。要は、S社に関するTOBをやることが必須ではない。さらに、S社が外国会社の場合に関して、スキーム・オブ・アレンジメント、これは日本の株式交換に似た集団権利処理のやり方ですが、スキーム・オブ・アレンジメントを使ってもいい。また、P社のADRを対価にする場合も構わないということを明確化しています。

会社法特例に加えて、第二に大きかったのは課税繰延が入ったことです。「『特別事業再編計画』の認定を受けた場合」とありますが、会社法特例を受けるのは「事業再編計画」という概念で、それに対して、「特別」をつけた「特別事業再編計画」という要件を満たせば税法の特例も受けられるということです。また、S社の法人課税はない。適格、非適格の概念を使っていましたけれども、これは単なる株の売り買いであって、S社の法人課税は生じないということを指摘しています。ただ、特別事業再編計画の対象があまりに範囲が狭くて、税制特例はまだ1件も使われていません。

25ページは、S社が上場会社か非公開会社か外国会社か、P社が上場会社か非公開会社かによって、A～Fの6象限に分けました。第一号案件はCのエリアで、Dは余りないと思いますが、A、B、C、E、Fという形の中でいろんなニーズがあります。

5．事業再編と特別事業再編の関係

26ページは、事業再編と特別事業再編との関係です。「事業再編」という特例がまずあって、その中に「特別事業再編」が含まれるという形になっています。特別事業再編であっても、会社法特例だけを使うこともできます。

27ページも、会社法特例と税法特例の関係です。X、Y、Zの集合体になっていまして、両方を使いたかったらX、会社法特例だけ使いたい場合はY、税法特例だけ使いたい場合はZです。

産競法はP社が日本の会社である場合しか制度の対象にしていないので、

さっきの６象限でＰ社側が上場会社と非公開会社だけになっているのはそういう理由です。そして、第一号案件のようにＳ社が外国会社の場合は、会社法特例だけを使うということです。

28ページは会社法特例の要件です。事業再編計画の認定を受けて、譲渡によりＳ社株式を取得すること。これは外国法人の株でも構いません。そして、取得の対価として、新株発行か自己株式処分をすることというのは当たり前ですが、別にADRでも構いません。また、Ｓ社が関係事業者でない場合、当該取得によりＳ社を関係事業者としようとする場合であること。関係事業者の概念は一番下に書いてありますが、40％以上でも構わない。これもまた会社法とは違うといいましょうか、やや広い状態になっているということです。

29ページは税についてでありますが、射程・要件が相当厳しいものになっています。１つ目は、現金非交付要件があること。２つ目は、関係事業者化をする取引に限定されること。これはまさに、S社を子会社化するワンショットじゃないとだめということです。３つ目は、余剰資金要件がかかること。４つ目は、生産性向上要件等の加重、新事業活動であること等がかかることです。

30ページは経産省さんの資料を貼り付けたものですが、会社法の特例である事業再編計画は６要件です。一方、税法の特例である特別事業再編計画は、例えば「生産性の向上」に関しては２％を３％にするとか、やや上積みした数字にしているのに加えて、オレンジで示した「新事業活動」「新需要の開拓」「経営資源の一体的活用」といった要件も追加でかかるという形になっています。

31ページがその詳細です。左と右を比べていただくと、税法のほうはいろんな数値基準が上がっていることと、オレンジの部分が加わっていることがわかるかと思います。

32、33ページは、トリッキーといいましょうか、余剰資金要件というものです。要は、Ｐ社側において計算された余剰資金を超える買い物でないと課税繰延を認めないということです。P社が持っている余剰資金を超えるものをP社株で出すから課税繰延を認める。こんな珍しい要件が入ったのはあまり例を見ないことだと思います。余剰資金というのは、現預金から、運転資金と、計画に含まれる他の買収資金を引いたものをいいますが、そもそも、この余剰資金を超えたものをS社株として取得する場合しかだめですよということで、大変厳しい要件です。こんな要件がある国は世界中ありません。これも日本の課税繰延措置が狭い1つの理由になっています。

33ページは、余剰資金をどの段階で見るかなどで、実務的な論点ですけれども、ここは飛ばします。

34、35ページは、さっきのオレンジの部分についての説明です。産業政策上、何か理由があるから税制措置がつくという形で、①～③のどれかの類型に当てはまらなければいけません。①は成長発展分野における事業活動、②はプラットフォームを提供する事業活動、③は中核的事業へ経営資源を集中する事業活動です。また、それに加えて、いろんな数値要件に関して政府に計画を出して「こうなります」と言わないと、特例を取ることができません。

36ページは、これもちょっとトリッキーなのですけれども、さっきの異時型の混合対価についてです。タイミングをずらした混合対価であっても、現金非交付要件には抵触しないと解釈上してくれています。この異時対価の話も重要でして、典型的事例としては、親子上場を含めて、P社がS社の株を関係事業者として40％以上持っている場合で、S社側に例のアメリカのF-4の問題があるとします。要は、米国人株主が10％以上いる場合――10％といっても、P社の分を引いた部分になるので、5～6％米国人株主がいてもF-4の話はトリガーしてしまうわけですけれども、そういったものに対して、1段階目で米国人株主からの応募を認めない株対価TOBを行い、2段階目で現金対価を行う異時型です。これも相当程度の実ニーズがあって、産競法型は使えます。さっきのいろんな要件を満たすと、少なくとも税法上の現金非交付要件には抵触しないとなっていることはよかったと思います。

他方、株式交付は子会社化するワンショットのときしかだめなので、既に親子上場のような形で子会社としている場合については、使えないことになります。

６．産競法型を使おうとするときの課題

37ページは、産競法型を使おうとするときの課題です。

株式発行の登録免許税の軽減は確かに魅力的ですが、結局、武田・シャイアーの件でも使われていません。１つの課題は、武田・シャイアーの担当弁護士の商事法務の論文に書かれておりますけれども、将来こうなるかもしれないという目標を設定し、その目標が全て公表されるということの難点です。産競法がここで求めている数値目標の確度が、利益予想の開示等について厳格な開示等が求められる海外法制のもとでは、およそ両立しがたい事態となる。例えばＳ社が外国会社の場合、Ｓ社の準拠法の証券法上、必要な情報は全部開示しろということが求められることが多いわけですが、それは全員にコミットできるほどの数字なのか。別にうそは書いていないわけですが、いろんなシナリオがある中で目標を書いて、それを全部出して達成しなければ法的責任を伴いかねないというのでは、要は日本の法制と海外の法制とが合っていないわけです。

２つ目は、計画認定手続を経ていること自体が、柔軟な条件変更の支障になってしまうということです。一回その数字で計画認定を取った後、それを変更しようと思ったら、また計画認定の取り直しということになるので、タイムスケジュール的な柔軟性もない。これは後でちょっと言いますけれども、TOBの対価を、比率を引き上げるとか、そういうことも数字が変わるのでできないということになります。

３つ目は、武田・シャイアーのように、せっかく適正な混合比率の混合対価を定めたにもかかわらず、Ｐ社株主側の株式買取請求権が消えていない。これは先ほど申し上げた点です。

これら３点が課題ということになります。

次に38ページです。これは、S社が外国会社の場合においていくつか現物出資型で行った事例があります。P社が上場会社の事例についてですが。これらを分類すると3パターンあります。1つ目は、P社株式の発行行為を、日本国内につくったP社の100%子会社との間で完了させた上で個別同意による交換を行う事例です。2つ目は、P社株式の発行行為を、米国等につくったP社の100%子会社との間で完了させた上で逆三角合併を行う事例です。これら2つは間接発行型です。3つ目は、武田・シャイアーもそうですけれども、S社が（SOAなどの）S社株主集団権利処理行為がある海外の上場企業で、closing時期と近接した時期に募集事項決定を行う事例です。

これら3パターンが今のところ公表されていますが、いずれも、最後の最後、集団権利処理はS社側の準拠法の法制でやっているので、部分取得ではありません。全て全部取得でやっています。また、3つ目に関しては、価額塡補責任の話が消え切ってはいません。いろいろと実務が工夫して行っていることはそれはそれで良いと思いますが、今現在の日本の法制上、株対価M&Aの法制について、こういった事例があるからといって、変える必要がないということでは毛頭ありません。かなり工夫して実務の知恵でやっていますけれども、限定的な場合にしか使えないということです。

Ⅲ．金商法等も踏まえた実務フロー関連

1．株対価M&Aにおける金商法上の諸論点

39ページからは、「金商法等も踏まえた実務フロー関連」ということで、株対価と金商法との絡みについて少しお話ししたいと思います。

40ページは、株対価M&Aにおける金商法上の諸論点を絵にしたものです。ただこれらの諸論点については、弊職の同僚の弁護士達が執筆した論文である松尾拓也＝本柳祐介＝森田多恵子＝田端久美「株対価M&A・株式交付と金商法上の論点」（神田秀樹責任編集「企業法制の将来展望―資本市場制度の改革への提言［2020年度版］」（財経詳報社）317頁以下）の中にすでに一通り書かれてありますので、今日は省略しまして、そちらをごらんになって

いただければと思います。

2．金商法に関連したいくつかの論点・実務上の留意事項

その上で、当該論文に書かれていない事項を含めて、41ページからお話します。

1つは、TOBでの資金証明関連です。株対価の場合でも、現金対価と同じように、絶対その対価を払えるという保証といいますか、確からしさが必要です。現金だったら資金証明になりますが、株対価では、特に簡易の場合、役会議事録だけでなく、異議を受けていないということを証明する書面まで必要になります。その結果、簡易の場合であってもTOBはすぐには開始できず、2週間以上待たなければいけません。その間の株価変動リスクは当事者が負うことになります。

2つ目は、未解決の問題で、P社株に関して株式の発行差止があった場合、TOBが撤回できるのかという問題です。現状、産競法型について、TOBの撤回事由になっていません。株式交付制度ができましたがではどうするか。特に、P社株に関して発行差止の仮処分がTOB期間中に認容されたとき、それでもTOBの撤回はできないのかということです。

ご案内のとおり、TOBの撤回は、P社側の事情によるものを極めて厳しく規制しています。要は、現金対価の場合、きちんと準備してから開始しなさい、安易にTOBをかけるなという相場操縦防止の発想から厳しく規制されているわけですけれども、株式発行の差し止めが事後的に認容された場合もそうなるのか。これは考えていくと興味深い論点がいろいろ出てくるのですが、撤回しなくていいのか、債務不履行のまま放置していいのか。応募株主はパラパラ個別に債務不履行責任を追及するのか。また、株式の発行が差し止められたら、TOBの差し止めも一緒に申し立てるのか、申し立てないのかなど、いろいろ議論は発展していきます。

少なくとも現状、産競法のほうではTOBの撤回事由になっていませんが、その部分をどうするのか、今回、株式交付制度ができたことを契機にもう一

回整理して考えるということなのだろうと思います。

次に42ページ、３「交換比率の事後修正」で、上方修正と下方修正です。これはＳ社株主から見て有利という意味での上方と下方です。

まず上方修正に関しては、先ほども言いましたが、株式交付の場合には、会社法上の異議手続もやり直しなので、２週間経過しないとTOBの訂正届出書も出せません。有価証券届出書もTOB届出書も再提出になります。しかも産競法では政府認可も取り直しなので、TOB期間中に対抗提案が出たからといって簡単に引き上げることは、事実上なかなか難しいことになります。いわゆるNo increaseの状態になっているわけです。これは性格的な話なので、しようがないのかもしれません、退路を断ってこの比率でしかやらないということになるということなのかもしれません。

他方、下方修正に関しましては、現金対価の場合と同様、厳しいままなんだろうということです。ちなみにＳ社に配当を決議した場合に、公開買付価格が引き下げられるのかについて、飯田先生が『商事法務』の最新号2221号で書かれていらっしゃいましたので、その議論も関連するかと思います。下方修正は現行の解釈ではできないということで、最近の議論を含めて紹介しているのが３番目です。

４が「円滑な決済が出来るインフラの整備」です。組織再編の場合は、全員のＳ社株主にＰ社株を同時にワーッと降らせればいいので、集団権利処理がやりやすいのですけれども、この株対価の場合は、個別対応しなければいけない。Ｓ社株主の中で応募した人にピンポイントでＰ社株を降らせなければいけない、一斉に降らせるわけにいかない。また、TOBという金商法上の手続と、会社法上の登記手続を含めた株式発行手続を、どういうふうに円滑に接合できるかという論点があることになります。個別にＰ社株式を降らせるフロー、Ｓ社株主の新規口座の開設、登記関連処理、個人情報処理といった話が出てくるということです。

ちなみに、源泉徴収関連は、まだ解決してないと思っています。特にＳ社株の特定口座がある場合にどうするかというのが残っていると思います。

５「フローバック対策」は、やや論点が違いますが、Ｐ社株を配ったときに、特にＰ社株を売る人をどうするかというのは、海外なら、海外Ｓ社とかいうときにあるのですけれども、そういった論点などにも対処しているということです。

43～45ページは日本証券業協会さんの資料を借用させていただいてつくったものです。基本的に先ほどの円滑な決済の絡みの話です。実際こういう決済フローでやりますよという整理になっているということで、Ｓ社株主の応募の後、①から⑤という形で流れますよという絵が描いてあるのが43ページです。

その過程で、特に登記回りを含めてどういう処理をしなければいけないかということに関して、一部論点が整理されているものを書いたのが44、45ページです。端的に言いますと、会社法上の登記手続もきちんと一緒にやる。登記のほうで出さなければいけない書類もあるので、証券のフローの中でそれをどのようにやるかということを整理したものです。合体文書にするという話とか、また、個人情報が登記の関係で出ることになるので、個人情報処理も一緒にやっておくということとか。また、そもそも公開買付代理人に証券口座をＰ社もＳ社もつくらなければいけないので、応募する方は証券口座をタイムリーに開設すること。TOB期間が終わる直前にやっても間に合わないかもしれませんから、そういったことをきちんと了知させるなど、いろいろ有益な実務的整理がなされています。

Ⅳ．比率交換型（交換比率合意型）に関する新たな制度論の提案

以上が実務的な論点でございまして、最後に、46ページからは、それらを踏まえて、今後に関する話を少し書いています。今回、株式交付制度ができたのは大変大きな一歩で、これは大変大事にすべきだと思っている中で、冒頭に申し上げたデジタル経済の時代の日本の成長戦略と国際的なイコールフッティングまで踏まえて、今後さらに株対価M&Aに関してどういった

制度の整備が考えられるのかということです。一つ新たな提案をできましたらと思います。

1．株対価 M&A に関する更なる制度整備の必要性

47 ページは、会社法に関してですが、一言で言いますと、交換比率型という表現をしていますが、P 社株と S 社株を交換「比率」で合意して交換しているのに、それをわざわざ「額」に置きかえていろいろな規制をするのが合理的なのかという問題意識でございます。

合併法制を変えて、株式交換と会社分割に分解した組織再編がされて 20 年以上たつわけですが、そろそろそういったいろいろなイノベーションの中で、株対価 M&A に関しても、もう一歩柔軟化する法制がつくれないかということです。

あと産競法のほうは産競法で会社法と両立していくと思いますが、海外法制対応も踏まえた計画認定手続のあり方が論点としてあります。

税制は、先ほど申し上げたように課題が多いのですけれども、Boot 税制を含めて、いろいろ整備しなければいけないということです。

2．会社法上の課題

48 ページからは会社法の話を書いています。先ほどの絵でも少し書いたのですが、P 社と S 社が真摯に交渉して交換比率で決めたものを、わざわざ closing とかの段階のときに金額に置きかえて、価額填補責任とかを問うている法制をいつまで維持しなければいけないのかということです。現行の現物出資規制をどこまで適用するかということでもあります。

端的には、S 社株式と比率交換で P 社株式を発行する態様について、現行の現物出資規制とは異なる新たな規律を設けるべきではないかという提案になります。交換比率で合意しているという点を「比率交換型」とか「交換比率合意型」とかここでは表現しているのですけれども、こうした比率交換型の場合でも、「額」で換算した形の価額填補責任とか、そういったことを果

たしてどこまでかけるのかという問題意識です。

交換比率の合意以降、募集事項決定時点から closing 時点までの間に、P 社株、S 社株は、特に上場会社の場合は株価が変動するので、その間にある比率で決めたものが、どのように株価が変動するかに関して、一々一喜一憂をして、塡補しろというふうな法制だと、株対価 M&A には大きな支障になるので、これを根本的にどう直すかを考えるという問題提起です。

また、将来のシナジー等を踏まえて交換比率で合意しているのに、わざわざ「額」に置きかえて有利発行かどうかを問うのはおかしいのではないか。「比率」で決めているのに、それをわざわざ「額」に置きかえて規律していることが、P 社で有利発行決議を実務でとる一因でもあります。

価額塡補責任に関しては、平成 17 年改正会社法のときには残ったのですけれども、当時の立案担当官から、ここも直す必要があるという問題意識が出ていました。「価額塡補責任を取締役に負わせる規定の合理性には疑問がないわけではない。負わせないことにする理由としては、取締役が塡補責任を履行しても、履行によって会社が得た財産は利益移転後の持分比率に応じて各株主に帰属するだけであって、株主間の価値移転によってこうむった既存株主の損害の回復には何ら寄与するものではないことが考えられる」という問題提起はありました。要するに、現物出資規制を P 社株主の価値移転の話で見るというのが深い議論になっていると思いますけれども、立案担当者のコメントでもこういったスタンスがある中で、価額塡補責任等を果たしてもう一段見直せないのかということは、株対価 M&A の世界の中では大変重要ではないかと考えます。

49 ページですが、検査役の調査です。正直言って、これは実務的にはみんな使ってないです。先ほど紹介した海外の会社を買っている場合でも、およそ使わないです。要は、誰が検査役になるかわからない不確実性の高い中で、こんなに不確実性のある選択肢はまず実務ではとらない。先ほどの海外の事例も、全て市場価格があるなどの形で検査役調査は抜いています。そこで制度設計的にも、検査役調査をやればどうなるこうなるという選択肢には行かないで、正面から価額塡補責任をどうするかというところで考えていただけないかということでございます。

また、価額塡補責任の引受Ｓ社株主側のほうには、個別取消がありますけれども、個別取消は現実はほぼ回らない。個別にパラパラ取り消すという話は集団権利処理の中で到底回るはずがないというものでございます。またスキーム・オブ・アレンジメントのときのように個別取消が許容できない場合もありますので、こういった個別取消があるからいいでしょうという話でもないというのが２つ目の問題意識です。

印象論ですが、Ｐ社の有利発行で総会決議をとって、価額塡補責任もやって、買取請求権もあって、差止請求権もある、そんなフルコースは過剰です。

３．「比率交換型」の新たな株式発行規律の提案

50ページからは、制度論の１つのたたき台です。いろいろな論点を書いております。

新たな提案の基本は、比率交換型の場合について、Ｐ社において総会決議をとるという形で、価額塡補責任も検査役調査も有利発行規制も生じないという世界ができませんかという話です。募集株式の発行の世界で、です。これはＰ社が公開会社の場合を念頭に置いて書いています。比率交換型の場合に、現行の授権資本枠制度の４倍の範囲内であっても、簡易の場合以外はＰ社で総会決議をとるということです。

価額塡補責任などの現物出資規制について、平成17年会社法改正以降のＰ社株主間の価値移転であると考えるならば、株主総会の決議を経ることで、Ｐ社取締役の責任は、虚偽説明とかが現にあったときの429条の責任とかは別途あれど、価額塡補責任は生じないというのが合理的ではないか。引受人株主についても、212条１項１号のほうの塡補責任についてですが、（有利発行の）株主総会決議があった場合には、総会での説明に重要な虚偽とかがない限り、引受人には塡補責任が生じないのが基本であるというのが有力説（江頭［第７版］・786頁）であると理解しており、この趣旨はこの２号の価

額填補責任についても妥当するのではないかと思います。

第二に、総会決議の要件は、今は有利発行だと特別決議なのですけれども、普通決議という世界ができませんかという問題意識です。特別決議だと、今でも有利発行決議をとれば何でもできる世界とあまり変わらないというか。普通決議に関しては、今回の会社法改正で、取締役の報酬債権について、払込金額を定める必要はなく、総会授権の普通決議を経ていること等で有利発行には該当しないと法制的に整理されたと理解しています。要するに、総会の決議要件でも、普通決議になる余地はないかというのを考えたいということです。

第三に、P社の総会決議について、一株出すだけでも総会決議だと、今よりもあまりに厳しいし希釈化なり価値移転の程度から見ても過剰である。従って、今で言う簡易の世界、取締役会決議だけで可能とするという意味ですが、たとえば2割以下の簡易の世界は残してほしいところです。そうでないとイコールフッティングからもかなり遠いかと思います。P社経営陣がエクイティストーリーで考えている経営判断事項であり、それは基本的にP社の取締役会で判断すべき事項であることから、一株出すだけでも常にP社の総会決議が必要だというのは過剰だと思います。どこまでの希釈化の程度なら総会決議を最初から求めるのかの制度設計の話であり、簡易の世界があっても冒頭の価額填補責任がないことには影響を与えないという整理です。

第四に、P社側の買取請求権は、先ほど申し上げましたとおり株対価M&Aの実務上の活用において重要な障害となりますが、通常の募集株式発行の場合と規律のままであり、ナシのままということです。P社側の株式買取請求権がないという点は大変重要になります。

第五に、P社株主の差止請求権の射程は、簡易の世界が設定されることを優先した上でとはなりますが、簡易があるときにどう残るのか。法令定款違反の場合に限定するか。著しく不公正の場合はどうするか。現行の募集株式発行の差止めの規律通りなのかもしれません。

第六に、51ページですが、混合対価の場合の現金部分は、先ほど言いましたが、簡易の2割要件の判定等を含めて、あくまで現金で株を買ったものと考えていただいて、カウントしない。組織再編で合併や株式交換のＰ社側がこうなっているからという世界からは脱却して、ということです。

第七に、Ｓ社が外国会社でも適用される。Ｓ社を子会社化する場合に限定しない。ここら当たりは現行の募集株式発行の規律のとおりです。

第八に、この話自体の射程に関してですが、比率交換型における特徴は先ほど申し上げたとおりですが、比率交換型に限定するのか。Ｓ社株式の比率交換の場合で境界をどう引くかという話に行く前に、論点を幾つか整理しています。１つ目は、Ｐ社で総会決議を経て株式発行をしている場合には全て射程とするか。非公開会社の場合、基本的にＰ社で総会決議を経ていますので、Ｐ社で総会決議を経て株式発行している場合は全てを射程にするかどうかという点。２つ目は、Ｓ社株式だけの話なのか、現物出資財産全部について射程とするか。３つ目は、市場株価があるＳ社株式にするのか、それとも市場株価がないＳ社株式にするのか。これらの３点も踏まえて、最後にＳ社株式の取得比率について、会社法上でＳ社株式の取得比率による境界を何か設定する必要があるのか。この新しい株式発行規律をどこまでどう境界を引くかというのはいろいろな考え方があると思いますが、論点を提示したということです。

あと、第九として最後に細かいことですが、レジュメの３ですが、海外子会社とのM&Aのときによく出てくるのですが、同時履行、先履行関係です。Ｓ社株式の譲渡が完了してから対抗要件具備まで必要という話は、比率交換型の場合については先履行でなく同時履行にしていただきたいということです。

Ⅴ．最後に～デジタルトランスフォーメーション（DX）・デジタルイノベーションの観点からも株対価M&Aの制度改正はきわめて重要である

以上、いろいろな形で問題点を提示いたしましたが、いずれにしても、株

対価 M&A は、現下の経済状況下できわめて重要な選択肢です。

今は Society 5.0 や IoT など、まさにデジタルトランスフォーメーションやデジタルイノベーションが各企業の競争力を決める時代になっています。こうした時代に最も求められているのが企業同士が組むことができる多様な選択肢なのです。こうした多様な組む選択肢の中で、Google が Youtube などいろいろな企業と組んで今の強靱な企業集団になっていることとかも考えると、株対価 M&A の選択肢は極めて重要な選択肢の一つなのです。それを会社法と税法の理由で日本だけがことさらに制約してしまっていることは、日本経済が現在置かれている状況、デジタル化の時代の国際競争力の観点から大問題だと思います。デジタルの時代はただでさえ動きが早いのに、今のようにいつまでも制度が変わらないままですと、本当に立ちゆかなくなります。諸外国が普通に行っている選択肢をなぜ普通に使わせないのか。株対価 M&A について日本だけことさらに使えなくしている理由や合理性は何らありません。法制度を早急に変えるべきだと思います。

日本企業の国際競争力強化の観点等も踏まえて、少なくとも欧米並みのイコールフッティングにはしていただきたいという問題意識から、いろいろと幅広なお話をさせていただきました。ご清聴どうもありがとうございました。

[上記報告以降の報告者からの補足]

1　株式交付制度の創設における法制審議会会社法部会における議論においても、P 社側に株式買取請求権を付与することの是非については意見が出されていた[1]。

2　そもそも会社法上の有利発行規制の趣旨に関して様々な議論があり、総

---

[1]　法制審議会会社法制（企業統治等関係）部会第 13 回会議［加藤貴仁幹事発言］など。中東正文「株式交付制度の導入と組織再編法制の揺らぎ」久保大作＝久保田安彦＝上田真二＝松中学編『(吉本健一郎先生古稀記念論文集）企業金融・資本市場の法規制』356 頁は、P 社の「反対株主に買取請求権を与える必要があったのかを含め、過剰規制とならないように、規律の取捨選択について新しい規律の導入を視野に入れつつ、さらに検証することが必要であろう」と述べる。

会特別決議を常に求めていること自体が過剰規制となっているのではないかという議論もある[2]。①株対価 M&A（株式の比率交換型取引）についてそもそもいかなる場合に総会決議が必要と考えるべきなのか、②実施される株対価 M&A についてのＰ社側の意義・メリットはＰ社取締役会において判断することを基本とし、利益相反が懸念される場合にはいわゆる MBO 指針[3]を踏まえた独立性担保措置等で補うこととする、などの点も制度論として出てくる。

３　混合対価の重要性について、たとえば浅岡義之「混合対価 M&A に係る法整備の必要性」商事法務 2236 号 23 頁など。

４　税制・課税繰延の点について、株式交付や産競法による株対価 M&A においては、①効力発生日の規定があること、②意思表示の瑕疵に関する提訴制限規定等があること、③取得下限の規定があることなどの特性がある。これらの特性は、各Ｓ社株主とＰ社とがパラパラ個別に交換を行っているのと異なる、集団的権利処理性を示している。こうした集団的権利処理の属性を捉え、それに対して課税繰延措置を設けるという線引きも考えられる。法人課税は生じるべきでない。

なお、現行の税制でも固定資産の交換について課税繰延措置がある（法人税法 50 条１項など）。株式についても、組織再編税制の外の世界で、クロス取引や取得請求権付株式などで課税繰延措置がある。株式は（不動産と異なり）企業・法人（という所得を生み出し所得課税も受けているもの）からの派生的財産であり、いかなる交換の課税繰延措置を設けるのかは政策論であ

2　有利発行に関する議論として、松井秀征「新株有利発行規制に関する一考察」小塚荘一郎＝高橋美加編『（落合誠一先生還暦記念論文集）商事法への展望』371 頁、久保田安彦「公開会社の有利発行規制の再検討―利益相反を重視する観点から」久保大作＝久保田安彦＝上田真二＝松中学編『（吉本健一郎先生古稀記念論文集）企業金融・資本市場の法規制』121 頁など。
3　2019 年 6 月 28 日経産省「公正な M&A の在り方に関する指針―企業価値の向上と株主価値の確保に向けて」（https://www.meti.go.jp/press/2019/06/20190628004/20190628004_01.pdf）

り、「日本の現行税制の体系に照らしておよそ課税繰延が認められない（設けるとしても特例的措置である）」といった議論ではない。

討　議

神作会長　大変豊富な内容を時間どおりにまとめていただき、大変ありがとうございました。それでは、ただいまの武井先生のご報告につきまして、どなたからでも結構でございますので、ご質問、ご意見をお願いいたします。

大崎委員　大変詳細なご報告をいただきまして、ありがとうございました。

最初にお断りしておきたいのは、私、政策論としての考え方については、武井先生のお考えに全く同意といいますか、賛成でございまして、こういうことを広げていくべきだと思っているのです。ただ、一方で、欧米とイコールフッティングではないというだけでは、論理として弱いという気がいたします。つまり、やってはいけないという人がいる。やれない制度になっているということは、何らかの理由があってそうなっているはずなので、その根拠をどう突き崩していくかということが大事だろうと思いまして、そのために幾つかお伺いしたい点があります。

まず１つは、最後に立法論的ご提案があった、交換比率ということに焦点を当てたような株式発行規制が考えられないか。私もこれは非常にそうだなと思いまして、とりわけ交換比率に完全に軸足を置くような制度になると、税法の問題は少し解消しやすいのかなというふうに思っています。交換比率が合意されて、それがきちっとしたものであるということが認めてもらえるのであれば、それは等価交換なので、受け取った株主について、そこに課税の余地が発生するはずはないという論理になるのかなという気がして、税制上の障害を消しやすいのかなということを思いました。

ただ、そのときにまた思うのは、先生のお話にも何度もあったように、実務的な要請から言うと、株式交付という形はいいのですが、現金と株式の混合型をぜひやりたいというのが本音としてあるわけですね。先生がなぜ一々現金価格に戻して話をするのかということをおっしゃって、私もそれはそうだなと思う一方で、混合型をやるとなると、キャッシュを幾らにするのかということを言うと、最初に合意した交換比率という話から、どうしてももとに戻ってしまって、あくまでも現金換算したものですよという話になってしまう気がします。ここをどう克服するか、何かアイデアがないのかなということで、お考えがあれば教えていただきたいと思います。

武井報告者　ありがとうございます。第一に、現金でＰ社がＳ社株を買ったということは、この部分は別にＰ社は株式も発行しておらず通常の資産の取得でしかなくて、他の資産取得と同様、取締役会決議なり業務執行行為でやっているだけの話になります。

産競法の会社法特例でも、現金はカウントしていません。混合対価の中の現金は、別に現金でＳ社株を買っただけだから、So what という整理をしています。現行の株式交換のように、現金部分まですべて規制をかぶせるというのは、少なくとも唯一の解ではないはずです。

税制については、混合対価のキャッシュを混ぜる比率は欧米でもいろいろあります。先ほどのレジュメ６頁の表のＢとＤの世界に関して、どこまでの比率の現金を混ぜて良いのか、各国で比率面ではいろいろな税制があります。ただ「０％」という、現金を混ぜた瞬間に株式対価部分まで課税繰延がおよそすべて吹っ飛んでしまう国は日本だけなのです。例えばＰ社株 80、現金 20 の混合対価、８対２で渡したときに、Ｐ社株の 80 部分に関しては課税繰延だということになっているのが欧米です。しかし日本では、80 のＰ社株についてまでも課税をしてしまう。この日本の現行税制は国際的バランスを失しています。

ちなみに 2018 年の産競法の税制措置も、現金非交付、０％のままなのです。６頁の表で言うとＣのところでまだしこっている段階なのが日本です。ただ、混合対価までいかないと、今のDX（デジタルトランスフォーメーション）やデジタルイノベーションで経済の構造自体が根本的に変革している時代に、海外企業が普通に出来ていることが日本企業はできないという、日本経済的にも成長戦略的にも困った事態だと思います。

株対価の重要性について、政策論としての腹落ちが税務側になされていないことがあるのだと推察します。そうした腹落ちがないことから、余剰資金要件とかきわめて厳しい繰延要件になっているのではないかというのが現状です。

さっき国際的なイコールフッティングだけではとおっしゃった点ですが、今、日本のいろいろな産業競争力の中で、本当にイノベーションしなければいけないのに、Google みたいに普通にできている企業同士が組んでいく選択肢ができないことに対する、危機感に近い問題意識があります。

大崎委員　そうだなと思う一方で、イノベーションとか競争力という話が余り出てくると、今度はそういうことは政策的なものだから、産競法みたいな特別法でやればよろしいのではないかという話になってしまう。そうすると、今度はそれは特別なことで、国が特別に政策的にふさわしいから認めるのだということになると、計画を詳細に出せとか、いろいろな審査をしなければいけないという話になって、ごく普通の会社が実施するのは、政策的に必要がないから認めなくていいという話になってしまうような気がするのですね。

ですから、株式というものを合併対価として渡すことは経済行為として普通なのだからやっていいというふうに何とか持っていきたいわけです。そうすると、先生の交換比率を基礎にしたみたいなご提案に心ひかれる一方で、そこに突入すると、今度は現金を混ぜることができにくくなってしまう。この問題をどうするのか、そんな感じでございます。雑然とした感想で済みません。

武井報告者　税制措置については、等価交換的な考え方はすでに不動産の交換特例があります。しかもこの不動産交換特例は租特でなく本法のほうで規定されています。従って政策論だから租特であるということにはそのままならないと思っています。あと税の世界では不動産のような underlying assets と違って株式は派生物であり、それもあってよく法人所得との二重課税が論点になるわけで、どこまでの繰延を認めるのかは政策論で可能なのだと思います。

あと、比率型の整理をすることで、混合対価のところの説明が難しくなるのではというご指摘ですが、Ｐ社が現金を出している部分は、資本取引でもないのにわざわざＰ社株式発行の箇所に足しあわせて現金部分も規律することのほうがそもそも例外的であり、それは現在の組織再編行為の世界の中で一部例外的に行われているだけです。現物出資規制という現行のＰ社株式が発行されている世界の規律の範囲内での修正として比率型も考えていけば、現金で株を買っただけという普通の本則の整理に戻るだけです。資本取引もしていないのに株式発行の規律が及んでいること自体が例外的です。組織再編の世界に過度に引きずられることなく考えればよいのだと思います。

繰り返しになりますが、DX 及びデジタルイノベーションの時代は産業構造の根幹を変えています。日本経済の国際競争力、日本企業の国際競争力の強化はそれこそ政策を総動員してでも、全面的に行っていかないといけない状況に至っています。企業同士が組んでイノベーションを進めていく選択肢を、日本の現行の法制は深い考えもなく単に止めているという、極めてもったいないことをしているのです。この株対価の措置は何か代替税源が必要な税制措置でもありません、言ってみれば考え方の整理だけで前に進む改革なのです。

後藤委員　ご報告をどうもありがとうございました。非常に勉強になったのですが、税制は全くわかりませんので、今話題に出ていた会社法上の問題について伺いたいのですが、武井先生のご提案というか、問題意識を伺っていますと、組織再編に寄せたのがよくないということかと思います。今大崎先生もおっしゃっておられましたけれども、イコールフッティングで必要だからこれだけつくってくれというと、どうしてもどっちに寄せるかという話が出てきてしまって、根本的に解決することが難しい。これを解決するためには、結局、新株発行規制を合理化すればいいと思うのですね。現物出資の検査役と価額塡補責任が本当に必要なのかというのは以前から指摘もあるところであり、結局これらは本当に要らないんだということが説得的に論証できるかどうかというところが、ポイントだと思います。特に価額塡補責任については、取締役が職務執行について注意を怠らなかったことを証明すれば会社法213条2項2号で免責されるわけですが、そうであれば、通常の善管注意義務違反と任務懈怠責任で足りるのではないか。現金を対価として高過ぎる買い物をしたかどうかというときには、経営判断原則が適用されるわけですが、対価が株式で、発行価格が安過ぎるというか、株式を大盤振る舞いし過ぎた場合にも、同じように考えて良く、そうであれば価額塡補責任はいらないのではないかと個人的には感じております。

そこで、有利発行規制が残るわけですが、これは松井秀征さんが大分前に書かれた論文で、総会決議をとっても意味がないのではないかという話があるわけです。これも価格の話だとすると、結局は責任の話に行く。ただ、今現在、有利発行規制があることによって、支配権争いが起きているときの大規模な新株発行に一定の歯止めがかかっているという側面もあるわけですが、その点については、今の206条の2みたいに総会決議がそもそもかかっていれば、そこで止められるわけですから、武井先生のご提案は非常に説得的だなと思いました。

このように考えると、これを比率交換型というか、株対価の株式発行、現物出資に限定する必要は全くなくなって、現物出資全てについてこうしてしまえばいい。有利発行は現金対価の発行にもかかってくるわけですけれども、有利発行も総会決議さえとっていればいいとするのであれば、これも現物出資に限らずに、新株発行規制全体の合理化を提案されたほうが、政策論でという話に行かずに済むのではないかという気がいたしました。感想のようなことで恐縮です。

武井報告者　誠にありがとうございます。価額塡補責任の点も会社法206条の2の点も誠にありがとうございます。おっしゃるとおりだと私も思います。

あと最後の点ですが、51ページの「射程についての議論」の②「S社株式に限るか、現物出資財産全部とするか」という箇所、何で射程の財産を株式だけに限るのかという論点ですね。S社株式という株式を射程としている理由は、比率交換と言う行為を観念することを通じて、Ｐ社とＳ社とが両者でバリューを今後作りそのシナジーを享受・分配する合意である点に根ざしています。これは、「比率」の合意・決議である株対価M&Aと、「額」の合意・決議である現金対価M&Aとの現実的な役割・機能の差異にも関連しています。株対価はシナジーの享有ですが、現金対価は現在価値を額で金銭換算した一種の手切れ金です。言い換えますと、株対価は、Ｐ社株式・Ｓ社株式の価値を現時点に金額で置き換えた・換算した合意を行っているものではありません。それなのにシナジーの享受・分配として合意した比率を、機能が全く異なる「額」にわざわざ置き換えて、価額填補責任とか検査役調査とか有利発行の規律をかけること、比率をあえて額に換算する法制にしていることへの疑問です。国際競争力の観点からも重要な株対価M&A行為に対して、海外には存在しない日本特有の非効率なコストを課しているのだと思っています。こうした比率の話をするのに、対象資産としてはＳ社株式のほうが議論がわかりやすいと思った次第です。

価額填補責任に関して、要はＰ社株主間の価値移転の防止という趣旨であれば、Ｐ社の株主総会決議等でdoneでよいのではないかと。希釈化の程度によるので２割の簡易要件付きですが。

Ｐ社の総会決議要件について、有利発行規制を既存で考えて過ぎてしまいますと、Ｐ社株主の総会決議要件が特別決議に寄り過ぎてしまい「特別決議ならいいよ」となりえるところ、普通決議の余地もあるでないかと思ったところです。正直、Ｓ社株に市場価格がある場合とか何か射程を絞ってでも、普通決議の余地がないかなとか。ご指摘の206条の２のようなアプローチもなるほどと思いながら聞いておりました。

Ｐ社株主の価値移転に関する議論が平成17年の会社法改正でいろいろな議論が進みましたので、もう少し議論が深めていけばと思う次第です。対象資産をＳ社株式に限らない、全ての現物出資・新株発行規制について検討するといった、そうした議論も深まっていくとよいなと思います。

尾崎委員　今のところに関連してあわせてお伺いしたいのですが、50ページから51ページで新株発行に関する規律の見直しの可能性についてご報告·ご提案いただいています。ご報告の中でも説明いただいたような気がするのですが、よくわからなかったのは、50ページの２つ目の点で、「普通決議でどうか」とおっしゃっている点です。これは新株発行の対価が金銭で、普通の現金出資を行うときも含めて、有利発行的なものは普通決議でいいという趣旨なのか、あるいは、有利発行には当たらないだろうという理解で、こういう場合には普通決議でやってしまえばいいということでしょうか。特別決議ではなくて、普通決議でどうかということの根拠がよくわからなかったので、教えていただければと思います。

特別決議をとるというのは結構大変かなという気もしなくはないのですが、４つ目の黒丸で、簡易みたいなものを残した上で、なお「普通決議でどうか」というのは、どういう整理なのかよくわからなかったので、教えていただければと思いました。

武井報告者　普通決議でどうかというのは、特別決議という議論もあり得る中でそれに対する問題提起として普通決議と提示しています。最後の箇所は、現金だと、混合対価の場合にどう混ぜるかという話でしょうか。

尾崎委員　純粋な現金を対価とする新株発行のときに特別決議で、こちらの場合は普通決議というのは、この場合は有利発行に当たらないという理解をすることになるんですかということをお尋ねしたいと思ったのですが。

後藤委員　さっきお話ししたついでなんですが、武井先生のご提案は、本質的には、有利発行規制を考えるのをもうやめようという話だと思うんですね。そうした場合に、簡単に大量の株が出しやすくなり過ぎてしまうという問題については、今の206条の２と同じ発想で、例えば武井先生が提案されている２割がそれと同じになるかわかりませんけれども、ニューヨーク証券取引所の規制みたいに、２割以上出すんだったら総会決議をとってくださいというのが入るという形にすることは考えられ、その場合の決議は普通決議になると思います。有利発行と並べてということではなくて、ゼロから作るとしたらこうしたいという話が根底にはあるのだとすると、現在の制度のいずれかに引きつけてという形で議論していくと、どんどん変な方向にゆがんでいってしまうのではないかという気がいたしました。

武井報告者　ありがとうございます、おっしゃるとおりです。無理に周辺の現行規律とのイコール記号からの議論で、行き過ぎようとするのではなく。

有利発行による規律をもうやめましょうというのもご指摘の通りです。交換比率で決めているという実態に対して、有利発行という規制が合っていないのではないかという問題意識です。Ｐ社とＳ社とが交換比率を真摯に決めているところに、わざわざ「額」の規律に引き戻して、有利か不利かを規律づけることがよいのか。プレミアムを付けていると言ってもＳ社株を一定数集めてそこにそれだけの価値があるからそれだけの交換比率のＰ社株数を出している訳なので。

ちなみに今回の会社法改正で、取締役がたとえばこれだけ働きましたとか将来これだけ働きますとかいうことに対する株式発行、すなわち取締役への株式報酬の無償交付に対して、払込金額を定めることを要しないとしており、有利発行規制は及ばないという法制的整理がなされたと理解しています。取締役報酬について総会で株主意思を確認していることから重ねて有利発行規制を適用することとはされておらず、ここでいう株主総会の決議は役員報酬授権の総会普通決議です。こうした整理も参照されうるのではないかと思います。

松尾（健）委員　引き続き今のところですが、現行の有利発行規制と価額塡補責任について、現物出資も金銭出資の場合も同じ規制を適用すると、現行の規制のどこが変なのかというと、対価の公正さをチェックする時点が、有利発行規制では、株主総会の承認を受けるのは合意時点の対価であるにもかかわらず、価額塡補責任等は事後的にチェックされる。出資の時点でずれていたら原則としてだめと言っているというのがやはりおかしいのではないかということかと思います。

そうすると、そもそも事後的に対価の価値にずれが生じた場合に責任を課していることの趣旨をもう一度考えないといけない。もし事後的な規制に合理性がないということであれば、事前の規制で、金銭とミックスした対価が公正であると言えるのであれば、特に有利とは言えないというふうに解すれば、現行法の理念ともそれほど離れてはないのかなというふうに、後藤先生の整理を聞いた後で思いました。

事後的にチェックして、合意の時点では公正だったのに、事後にずれてしまったので不足額を填補させますということは、資本充実とか、そういったこと以外にはないのではないかと思うというのが感想です。

武井報告者　ありがとうございます。先生のご指摘の時間的なズレによる規律がおかしいという点、まさに私が申し上げたかったポイントになります。誠にありがとうございます。

加藤委員　２つ質問があります。まず、簡易株式交付の要件はほかの組織再編の簡易要件を借用していますが、実務では、この簡易要件でも相当使い勝手が悪いという評価が一般的なのでしょうか。

次に、株式交付を混合対価で行う場合についてです。現物出資を利用して混合対価の株式取得が行われる場合、武井先生がおっしゃったとおり、現物出資、すなわち、自社の株式を対価として他社の株式を取得する取引と現金を対価として他社の株式を取得する取引は別であると整理されていると思います。株式交付の場合、Ｐ社とＳ社株主の間で、個々の同意に基づいて株式の譲渡が行われるに過ぎないと整理されているので、現金を対価とする部分と、株式を対価とする部分を明確に分けることができるのであれば、株式交付の規律は株式を対価とする部分にしか及ばないという解釈はできないのでしょうか。

武井報告者　ありがとうございます。簡易要件は組織再編で現金対価を含めてしまう点は使い勝手が悪いので、その点は修正していただきたいところです。後者の点もその通りでして、先生ご指摘のように解釈できるのではないかと思っています。混合対価だからといって、無理に現金と株式部分とをくっつけた規律にする必要はないと思っています。

加藤委員　その上で簡易株式交付の要件がどれだけ厳しいのか興味がありま

す。株式交付は、株式交換と異なり発行済株式全部の取得を目的とするわけではないので、規模の小さな取引も対象になるように思います。

また、簡易株式交付に限られるわけではありませんが、簡易株式交付には通算要件もありません。例えば１年間に何度も株式交付をやっても、１つ１つが簡易要件を満たせば、株主総会を行うことなく自社の株式を対価として他社を子会社にすることができます。株式交付の使い勝手を評価するためには、簡易株式交付が実務の需要にどれだけ対応しているかが重要であるように思います。この点に関連して、本日のご報告でご紹介いただいたさまざまな海外の事例について、仮に買収会社が日本法に基づく株式会社であった場合、簡易株式交付で対応できる規模の取引があるのか、興味があります。設立準拠法が異なるので単純な比較は難しいですが、何か情報があれば、教えていただければと思います。

武井報告者　そうですね、簡易の範囲は、２割という数字自体については、大型案件の場合にはなかなか収まることは少ないと思います。他方で、後藤先生のおっしゃったとおり、２割基準を採る似たような国際法制もあるところなので、２割という基準自体が低いですというところまで申し上げるつもりはありません。ただ現金対価部分まで合算した２割というのは勘弁してほしいということは、強く申し上げたいです。現在の産競法の会社法特例も、現金は合算しないで２割をみています。

松井（智）委員　私もお話を聞いていて、後藤先生がおっしゃったのと同じで、多分スタートポイントは、有利発行規制がいろいろ重過ぎるよねというところに、プラス組織再編の混合対価とか、特別な法律でやるのはどうかとか、いろいろ何段階かひねりが加わったご報告だったかなと思います。

有利発行規制について簡易化したとして、その上に、混合対価 M&A における発行で有利発行規制をどうするのかというのをそのままストレートに乗せていいのかという問題はあるような気がします。今の話で、現金の部分というのは、企業の現在価値とくっつくのですが、将来シナジーと株式がくっつくので、これも大崎先生の印象と同じなんですが、その比率を金銭に本当に直せるというか、イメージできる程度にまで説明しないで有利発行と同じような形の説明ができるはずだというのはやはり納得がいかないです。

その時点で確かに金額が変わっていくかもしれないんですけれども、ベストアベイラブルな情報で、こういう交渉をしましたということを納得してもらうための情報提供だとすると、有利発行の手続の中の少なくとも説明の部分というのが、組織再編と同じレベルのものを要求されるものとして残るはずで、全体的に有利発行をストレートな話としてどこまで持っていくのかな。ここはちょっとひねりが加わる部分ではないかなと思ったのです。フルコースが重たいというのはわかるのですけれども、有利発行の中の少なくとも説明の部分に関して、ある程度ここでは加重が加わってしかるべきではないかという印象を持ちました。

武井報告者　ありがとうございます。有利発行の規律がなくても、総会決議を経るときの総会決議において、対価についてはきちんと説明すべきだという前提です。有利発行に当たりうるから総会で説明して決議するというのではなく、この比率がなぜ適正かを説明するのだと思います。

松井（智）委員　会社法上の有利発行手続の説明というのは、発行対価について説明すると思うのです。その点で、現金と混合されて、その一部として出されるものの対価というのは、有利発行並みに説明するとすると、株主が、これはどのくらいの対価で発行されているのかなと印象できなければいけないと思うので、ここで金額に置きかえること自体が無駄だと言ってしまうと、どこまで説明することが取締役に求められるのか。

武井報告者　比率や混合対価を含めた全体の対価の適正性について、株主の承認を得るに当たっていろいろ説明する規律が入ること自体は良いと思います。最後の価額塡補責任のところで、責任を伴うといった箇所は何とかなくしていただきたいところです。総会で説明をすること自体はむしろそうしてよいと思います。

松井（智）委員　わかりました。価額塡補責任というよりは、むしろ価額がわかっているということが、差し止めとか、後ろの救済措置にプラスで組み合わさっていると思うのです。価額塡補責任をどうするかというのは、一番ベースにある有利発行規制をどうするかというところで、武井先生はそこのところではもう要らないのではないかという話をしていて、その上でM&A対価の話をしているときに、同じ有利発行規制の話とストレートに持ってきているっぽいけど、そこの説明とか、後ろの救済措置に関しては、少し違う話があるのかなというふうに私が理解したということです。

武井報告者　P社株主からの差止めの規律からのご指摘ですね、ありがとうございます。差止めを実効化させるためという観点から、総会で説明すべき事項を規定するというご指摘もそのとおりだと思います。額に置き換えない比率の説明でも、株主側の差止めに関する判断の基礎となるのだと思います。制度的には有利発行規制のほうから物事を考えるという点も、なるほどと思いました。ありがとうございます。

松井（秀）委員　非常に刺激的かつ興味深いご報告をどうもありがとうございました。お伺いして、新株発行規制のパッケージの中の不合理な部分とか、あるいは組織再編規制のパッケージの中の不合理な部分などについて、株式交付制度によって浮き彫りになっているということが、先生のご報告でよくわかりました。

既に議論があった総会決議の部分について、私も一言だけコメントしたいと思います。私自身は、総会決議事項はできる限りふやしたくないと思っておりまして（笑）、この総会決議は何のために、誰の利益を守るためにやっているのかという議論が必要になってくるのではないか、という気がしました。

かりに先生がおっしゃった価額塡補責任の話から進めていくと、先ほど後藤さんもおっしゃっていましたとおり、どうしても有利発行規制のほうに、つまり総会特別決議に寄っていってしまう。そうすると、有利発行規制それ自体も見直すという議論にはねていくのかなという感じがしました。

他方で、現行法上、総会の普通決議で対応しているのは、これも先ほど後藤さんがおっしゃったように、206条の2ですが、要するにこれは支配権の問題ですね。ただ、今回の先生の議論は、おそらく支配権の問題として総会決議を捉えているわけではないのかなとも思います。

そうしますと、総会普通決議というのが、どういう利益状況で、何のために課されるのかという議論をもう少ししないといけないのかなという感じがしました。ここがどう理論的に落ちるのか、というところが先生のご提案の肝になるのかなということなのですが、ただ、私自身も別に新しいアイデアがあるわけではないので、コメントだけで申しわけございません。

武井報告者　ありがとうございます。おっしゃるとおりで、普通決議にする場合にはその趣旨について詰める必要があります。Ｐ社株主が価値移転をいいか悪いか総会で決める、そこに有利か不利かと言う話が入ったら有利発行の世界になってしまう・・。

松井（秀）委員　それは有利発行ですよね。有利発行が特別決議を要求していることの合理性とセットで議論になっていくのかなという気がしています。

武井報告者　ありがとうございます。レジュメでは［普通］決議と一応ブラケットはつけましたが（笑）。

松井（秀）委員　先生が普通決議であることを大事にしておられるのかしら、と思いまして。

武井報告者　そうです、そのとおりです（笑）。２割の簡易の世界がありつつも、普通決議の世界が構築できないかと考えた次第です。

大崎委員　今、松井先生がおっしゃったことを伺いながら思ったんですが、S社が非常に大きな会社で、例えばその80％をどこかの会社が持っているというような話になってくると、支配権の問題に直結してしまいますよね。だから、物すごく分散的な株主構成で、ただ単にＰ社の株があっちへ行くだけだという状況に局限できれば､切り離して考えられるような気もします。

松井（秀）委員　おっしゃるとおりで、そのように課題設定をすると、議論しやすくなるのだと思うのです。株式交付は、50％を超える場合でなくても使えるようにしていこうということを議論されているわけですけれども、それでもかなりのまとまった数の株式が入っていくことを想定しているので、206条の2の趣旨をこの場合にも広げていく。要するに、総会決議をとることで、一応の株主の了解はとれた。そうであるがゆえに、支配権の問題がクリアされる、こういうたてつけにしていくと、1つの理論的な説明にはなるかもしれません。

武井報告者　ありがとうございます、普通決議である会社法206条の2という世界、先ほども後藤先生からもご指摘がございましたので、もう少し詰めたいと思います。総会決議自体がそもそも必要なのかという点についても考えたいと思います。

飯田委員　税のところと金商法のところと2点伺いたいと思います。

一般論として株対価M&Aのときに、課税繰延がなかなか認められないというところで、一体何が障害になっているのか。これは理論的な話と政治的な話といろいろ絡んできていると思います。特に政治的な話で言うと、雇用の維持とか、そういう適格要件が入っていたりしますから、いろいろあると思うんですけれども、そのあたり、まずご感触がありますかというのが1点目です。

あわせて、産競法の余剰資金要件についてです。これもロジックから出てきているのか、それとも、世の中で言われているような会社の内部留保がたまっていてけしからんみたいな、そういう文脈で出てきているような話なのか。そのあたりが今後株式交付について課税繰延を議論するときに、理論のほうでどこまで真剣に向き合う必要があるかに関わるように思われますが、いかがでしょうか、ということが税に関しての質問です。

武井報告者　税に関する前段のご質問は、私も正直よくわからないのです（笑）。歴史的経緯で言うと、要は、株式交換と会社分割が1999年、2000年の頃に会社法改正がなされて、それに対応する形で2001年に組織再編税制ができたわけですが、この組織再編税制は合併税制の修正と会社分割についての新たな税制措置として、組織再編税制ができました。そのため、ここでの組織再編税制というのはあくまで法人レベルをベースに税制措置を設計していまして、要はＳ社という法人がもっている資産が移ることに対して、課税繰延措置をどう手当てしましょうかという、法人のほうの資産の移転に関する課税繰延の話であったわけです。合併ですとＳ社株式がＰ社株に多数決で強制的に変わるという株の交換という株主レベルの箇所もあるわけですが、この株主レベルのところも組織再編税制で反射的に行った。そういう流れだったわけです。

これに対して米国税制は、投資の継続性を、法人レベルからではなく株主レベルから見ています。Ｓ社株主というところからの投資の継続性で課税繰延を入れているという世界がアメリカなのです。

そのあと、法人レベルでの資産の移転行為が何ら生じていない株式交換に対してまで、平成18年の税制改正で組織再編税制に組み込まれた。株式交換がなぜか法人レベルの話のほうに入ってきた。Ｐ社とＳ社とが株式交換契約を結んでいるではないかとか、合併＋解散をすれば株式交換と同じではないかとか、何らかＳ社の法人としての行為があるということで、株式交換まで組織再編税制の中に入った。その結果、非適格株式交換になると、およそ欧米ではあり得ない、Ｓ社に法人課税が生じてしまう。こうしたいろいろなねじれの中で、Ｓ社株式が一部しか移らない今回の株式交付制度とかに対しても、いろいろと議論が噛み合わない状況が続いているのではないかと思います。組織再編税制の世界にそもそもこだわる必要があるのかもあります。とにかく「物々交換でもその段階で課税実現である。課税繰延にはそれを正当化する理屈が必要だ」として、その結果、このデジタル化の時代にイノベーション等のために海外競合企業が普通に採用できている選択肢が、日本ではおよそ実施されていない状況だと思います。

産業競争力強化法上の税制措置は、租税特別措置法になっていますが、産業政策上必要だからという建て付けになっています。その上でなるべく狭くしようとなっていて、たとえば余剰資金要件とかも入っている。これは手元現金で買えない規模のものだからという場合に絞りましょうとなったのが余剰資金要件です。いずれにしても株対価M&A制度の重要性なり必要性が、税制の世界で腹落ちしていないことによる現状なのだと思っています。

でも、今回株式交付制度も入りまして、先ほどもご紹介しましたとおり、神田先生も含めて、税制措置がないとまず使われないと指摘されている。今年の税制措置のあり方に対する期待は相当程度高い状況です。

一つの整理の私見としては、各Ｓ社株主が単独でパラパラＰ社と株式を交換しているのではなく、効力発生日とか取得下限とかそういった集団性と一律性を示す集団的権利処理が会社法でなされている点が、税制上の措置を付ける一つのブレークスルーにならないものか、と考えております。税制措置が手当てされた組織再編行為も、会社法が民法の個別の世界に対して特別に行っている集団的権利処理の一類型です。株式交付にしても産競法型にしても、株式の交換が各Ｓ社株主とＰ社と間でパラパラ行われているのではなく、いろいろな定めによって集団的権利処理が会社法で行われています。

神作会長　飯田委員、金商法上の論点についてもどうぞ。

飯田委員　細かい話かもしれないですけど、41ページの公開買付けの撤回について、株式交付等で、株のほうの差し止めがかかったときの話ですが、このとき撤回事由に入れることを認めておくのが、絶対に必要だと思います。これを認めないと、公開買付けだけ残って、対価の株式交付は差し止められてしまうので、公開買付けの債務不履行が起こるという謎の状態になりますから、これは直ちに撤回事由に追加すべきだと思うのです。

この話が、現金の対価のときの話とどこまで同じかという問題もあります。買収者に対して公開買付けをやるなという差し止めが起きたときに、株対価のほうが、会社法210条の新株発行差止めとか、改正後の会社法816条の５の株式交付の差止めとかの制度があって、会社法上とめやすいという事情があると思うのですけれども、対価が現金か株式かの違いはあるにせよ、公開買付けの対価の支払いの部分を差し止めることで、実質的に公開買付けをやめさせたいという買収者である会社の株主の希望は、理論的には同じレベルの話だと思っておりまして、対価が現金か株式なのかの違いは、事実上、とめやすさが高いか低いかの違いだと思うのです。

そう考えたときに、公開買付けの撤回で対応していくという方向と、公開買付け自体の差し止めもという方向と、制度設計としては両方のパターンがあり得ると思うのです。その辺、実務上どうですかと伺うのは中途半端な質問ですけれども、買収側から見ると、そういうのがあったら困るという話になるでしょうし、買収会社の株主の利益を守るんだという観点から言えば、公開買付けは端的にとめておかないと、例えば株対価でやって、差し止めたけれども、それでは、現金に切りかえますと言われたとき、そちらだと、会社法上、差し止められにくいという話が、タイミングとかの問題でもあると思うのです。このあたりについて、先生の大きな方向性というか、ビジョンがあれば教えていただければと思います。

武井報告者　ありがとうございます。この撤回関連の論点はご指摘の通りでして、難しい大きな論点なのだと私も思っております。もし撤回を認めないとしたら、差し止められるようないいかげんなTOBをやるなよというメッセージで撤回させない、やるなら差し止められるようなものをするなという考え方なのかもしれませんが、他方で差止めはいくら適正にTOBを行っていても起きうると考えると、差し止められたときの世の中の混乱を放置して良いのでしょうかといった、政策論になるのかなと思います。

対価がP社株の場合に限らず、現金もというふうに広げて考えていく、裁判所がP社のそういった対価を出すことを差し止めた場合にどうするかという広い意味の論点になるというのもおっしゃるとおりだと思います。元々いいかげんなTOBを始めるな、相場操縦的なことをやるなというのがある中で、どう線を引くかですよね。現状の産競法型に関しては撤回事由になってないわけですが、今回の株式交付という会社法でより正面から入ったことを踏まえてどうするかは、結構議論になる論点かなと思います。

藤田委員　全般的な感想ですけど、武井先生の目的が何かにもよりますが、どこまで真面目な議論をするのがいいかがまず問題です（笑）。あえて目標として掲げるのは政策的なゴールだけにする、たとえば買収法制がイコールフッティングになっていないから、Googleに負けるんだというふうなことを強調するだけで、理論は詰めないというのも法改正を求める戦略としてはあり得るのですね。そういうふうな行き方をする方がかえって運動としては成功することもあって、理屈を厳密に詰めると、かえって法改正のための障害が大きくなって、目的に沿わなくなる可能性はあります。

ただ、武井先生の発表の趣旨とは違うのかもしれませんが、ここにおられる多くの人はそういう政策的なキャッチフレーズに関心があるわけではないと思うので、以下では理屈のほうを詰めて考えることにします。その場合、税法、金商法、会社法各々で、性格が全然違うことが問題となっていることをまず押さえるべきでしょう。

税法の問題として言われているのは、例えば武井先生の言われるような比率交換型の買収について特殊な規律を入れたとしても、最初に大崎先生が言われた通り、混合対価になった途端、そちらには使えなくなってしまう。この話の本質は、結局、日本の法制が、課税の繰り延べについて、投資家から見た投資の継続という発想を正面から入れて、それで一貫させているわけではないことにあります。そこを放置したままだと、どんなことをやっても問題は残るのですね。だから、本質に手を着けず、細かな小手先の理屈でいろいろ穴をあけようとすると、やればやるほど筋が見えなくなって、その次の段階で別のタイプのM&Aの取引が出てくると、一から議論のやり直しということが起きることになります。

次に、金商法はある意味で話が簡単です。要するに、今の金商法が単に想定してない――実質論としては別に特に否定しなくてはならないわけでもない――ことが起きることにどう処理するかという問題です。現在のM&Aのニーズに合わせた適切な法制になるよう丹念に手を加えていきましょうということです。公開買付けの撤回の話もそうですし、公開買付け条件の変更についても、競合して現金で買付けをしている人と、株式で買付けをしている人がいると、株式で買付けをやっている側は、簡単には条件が変えられないけど、現金の側は適宜買付価格を上げていけるといった問題があったりします。そういうことを考えるなら、株式で買い付けた場合についても、金商法上、条件の変更をできるようにしましょうということになるのですけれども、それは単に想定してないだけだから直しましょうというだけの話です。

最後の会社法の話はまた話が全然違っていて、これは会社法の基本的なポリシーにかかわるからやっかいですが、もともと会社法に内在する矛盾というか、一貫してないところがあることを知っておく必要があります。そもそも募集株式の発行に関する有利発行規制・現物出資規制と組織再編とがあまり整合性がとれていないところがあって、一部は前者の方が厳しく、一方は後者の方が厳しい形になっている。そういう中で、武井先生の今回のご提案は、組織再編と新株発行の各々の一番緩いところを組み合わせたいという内容になっています。

合併と現物出資による新株発行は、経済実質としては似ている面があるのに、規制の建て付けは大きく異なる。合併も既存株主に不利な条件の新株発行も、株主総会の特別決議が必要なのは一緒だけど、現物出資は検査役調査が必要で、合併だと不要、他方、株式買取請求権は有利発行にはなくて、合併だとある。このように、建て付けが全然違うところをどう考えるかということが問題の根幹にある。

新株発行規制のほうは、株式対価 M&A との関係で、いろいろなところが、うまくワークしないという話をどうやって解いたらいいか。1つは、さっき後藤先生がおっしゃったように、現物出資規制・有利発行規制を根本から見直しましょうということになるのですが、この方向を突き詰めていくと、どうしても組織再編との整合性が出てきてしまう。いまは全然違う建て付けだから、違いをあまり意識せずに済んでいるところが、そうではなくなってしまうことになる。

また特別決議が重すぎるからという問題について、現物出資規制は株主間の利益移転ですという論理だけで押し切れるのか。私は、昔から現物出資規制は株主間の利益移転の規制だという考え方には好意的ですが、そう言い切ったからといって、株主総会の決議要件が普通決議でいいとなったりするわけではありません。基本的に株主間の利益移転――一部の株主の犠牲で別の株主が特をする現象——を正当化するという会社法の手続は、基本は特別決議＋株式買取請求でしょう。

組織再編のほうは、規模の小さいものを例外にする扱いはという例外はあるけれども、特別決議＋株式買取請求権になっていて、有利発行は、買取請求がなくて、特別決議だけよい、そういう意味では、新株発行の方が弱い規制になっているが、価額塡補とか付加的な規制がついてきている。このあたり、何をどういう原理と手続で利害調整しているかということを、まず確認しないと理論的にはだめでしょう。イコールフッティングとか、そういった高次の政策で正当化してしまうと、あまりに射程が限定されなくなってしまいます。その結果、これも繰り返し指摘されましたが、株式の発行についてもあてはまる議論になってしまう。株主間利害調整だから普通決議でいいとか言い出すと、有利発行決議も普通決議でよくないかなど、いろいろな場面にあたりが生じてしまう。そこの整理をもう少し考えないとだめです。

結局、会社法上の論点に関する限りは、真面目に理屈を詰めると、非常に大がかりな論点整理が必要になってきて、結果的には改正がしにくくなる。だから、最初に言ったように、真面目な議論はしない方が、かえって武井先生の実践的な意図には沿う結果になるかもしれないけれども（笑)、ただ、理屈の議論をすると、そうなるし、実際これまでの反応もそういうものが多かったと思います。

まあ細かい点では、そこまで大きな話をしなくても直せるところは、あるかもしれません。例えば、対価である株式の割当条件が決まったあと、株価が変動したことで著しく不公正な値段と扱われ価額塡補責任が発生するかといった話については、結果論で考えるのがおかしいし、これは現行法の基本的な枠組みを維持する前提でもそうでしょう。これはここだけの話ではなくて、組織法的な決定については、その条件の不当性は条件が決まった時点で判断するべきで、組織再編などでははっきりしている考え方です。そういう発想は株式の発行であっても出てきてもおかしくないですし、現行法の解釈で対応できないというなら、何らかの手当をすることも考えられるでしょう。

そしてこういう議論との関係では、株主間の利益移転だからという理屈で説明できるとは思います。だから、1つ1つ検討していけば、武井先生の報告の議論が使える場面がないわけではないと思うのですけれども、最後の会社法のところについては、一般論としてはもうすこし整理されたほうがいいかなという気はしました。

神作会長　非常に根本的なコメントをいただきましたが、武井さんから何かございますか。

武井報告者　いえ、どこまで厳密に議論した方が良いのか、確かにおっしゃるとおりですので、特にコメントはございません。最後の、対価である株式の割当条件が決まったあと、株価が変動したことで著しく不公正な値段と扱われ価額填補責任が発生する結果論が、現行法の基本的な枠組みを維持する前提でもおかしいという点、この点は先ほど松尾先生を含めてご指摘がございましたが、この点を修正することは株対価M&A制度において大きな改善・前進になると思っています。

神作会長　まだ多少時間がありますので、2回目、3回目のご発言も含めて、ご発言いただければと思いますが、いかがでしょうか。

　私から1つご質問させて下さい。きょうまだ出ていない論点として、会社法の観点からむしろ気になるのは、S社の側の経営者というのは、株式交付が起こったときに、一体どのような行動をとればいいのか。武井さんが言われるように、むしろS社のほうに影響が非常に大きい可能性があると思うのです。企業再編だと、S社のほうももちろんきちんと視野に入れているんですけれども、これまでご指摘がありましたように、株式交付はP社とS社株主の話ということになっています。実際に株式交付が行われたとき、例えばS社の経営者というのは何をしなければいけないのでしょうか。

武井報告者　TOBだったら意見表明とかは金商法のほうの世界にはあっても、会社法のほうではないというご指摘ですね。

神作会長　善管注意義務や忠実義務から何か出てくるということはないものですか。

武井報告者　大規模第三者割当のとき、50％のＳ社株が出るときに、Ｓ社の経営者側に何か規律がありましたでしょうか。

加藤委員　株式の発行や自己株式の処分によって支配株主が生まれる場合については、会社法206条の２が発行会社で特別な手続を行うことを要求しています。

武井報告者　Ｓ社株式の支配株主が変わるということに関して、Ｓ社の経営陣は何を考えますかという文脈だとすると、同じになりませんか。

後藤委員　ただ、何をするわけでもないですよね。

武井報告者　だったら、ここも何もしないのですかね。

後藤委員　反対表明とかをするのであれば。

武井報告者　TOBだったら意見を言う。

加藤委員　神作先生の問題意識は、法制審でもＳ社側で何か手続を要求するべきではないかという意見があったが採用されることはなく、かつ、情報開示という面でも、例えば対価の公正さに関する情報提供すらされないという枠組みが選択されたことが、株式交付におけるＳ社の取締役の善管注意義務の解釈に何か影響があるのか、ということかと思います。

武井報告者　なるほど、広くあまねくＳ社株主にいろいろなことをやるときには、金商法に任せている状態に関するご指摘ですね。

神作会長　ほかにいかがでしょうか。実務の方も何かご発言がございましたらどうぞ。――よろしゅうございますか。

それでは、時間よりもやや早いのですが、もしよろしければ、本日の研究会はこれで終了させていただきたいと思います。

武井先生、大変に充実したご報告をどうもありがとうございました。

次回の研究会は、お手元の議事次第にございますように、３月24日の午前10時から、尾崎悠一先生からご報告いただく予定です。会場は本日と同じ日証協の第３会議室でございます。

それでは、これで本日の研究会は閉会とさせていただきます。どうもありがとうございました。

金商法研究会

株対価M&A/株式交付制度について

2020年2月10日

西村あさひ法律事務所

弁護士　武井　一浩

1

1　株対価M&Aの制度整備の重要性・意義

株対価M&A制度の解禁

- M&Aにおいて現金対価か自社株対価かは中立的な選択肢。しかし日本では法制的理由もあり自社株対価が使いにくかった。
- 2018年度の産業競争力強化法＋関連税制改正
- 2019年会社法改正で株式交付制度が新設（税制措置はこれから）

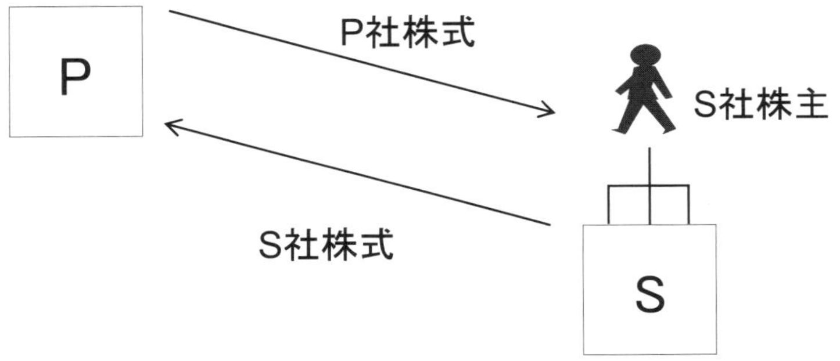

株対価M&Aの意義

1　買収時点での金銭換算という一種の手切れ金的性格を有する現金対価と異なり、株対価（エクイティ対価）では、S社株主がP社株を持つ結果、S社株主はM&Aによるシナジー（相乗効果）を享受できる。両者協働によるオープンイノベーション促進やエコシステム形成等の前提となる重要な選択肢である。

- デジタル化＋グローバル化が急速に進む第4次産業革命/デジタルイノベーションの時代において、欧米企業を含む海外企業等とイコールフッティングになっていないことは重大な障害・問題

- Googleほか

2　元々、M&A対価における現金と株式との混合比率には、財務の健全性や希釈化等のバランスから、適正な混合比率がある（後記）。現金対価に偏っている現状の法制自体がおかしい。

日本の成長戦略/欧米とのイコールフッティングの観点から重要（経産省資料から）

● 米国では、Googleなどの新興企業が、成長初期から加速段階において株対価M&Aを積極的に活用し、急速な成長を遂げてきた。欧米に負けず、成長期待の高い企業のM&Aを通じた成長を後押しし、将来の日本経済の牽引役を育てるため、重要な選択肢である。

Googleによる株対価での買収案件

①Applied Semantics（2003年）
- GoogleのIPO前に行ったテキスト解析に関する技術を有する企業の買収
- 102.4百万ドルのうち41.5百万ドル分が現金で残りは株対価や新株予約権

②YouTube（2006年）
- 自作映像公開サイトを運営する非上場ベンチャーの買収
- 1,650百万ドルのうち21.2百万ドル分が現金で残りは株対価や新株予約権

③On2 Technologies（2009年）
- 映像圧縮技術を有する上場会社の買収
- 123百万ドルのうち28百万ドル分が現金で残りは株対価

④Ad Mob（2009年）
- 携帯電話向けの広告事業の会社の買収
- 681百万ドルのうち26百万ドル分が現金で残りは株対価

Googleの時価総額の推移と株対価での買収時期

（備考）株対価での案件一覧は、「Semi-Organic Growth: Tactics and Strategies Behind Google's Success（2015）」より作成。原典はGoogleのForm S-1と10-K。

出典：経済産業省資料

5

海外企業とのイコールフッティングになっていない（現実にAしかない）

	対価がP社株**Only**	混合対価（P社株＋現金）
S社株式を100%取得（強制取得）	A 組織再編行為（会社法＋法人税法）	B 税制上の現金非交付要件があまりに厳しい
S社株式を100%未満取得	C 産競法改正や株式交付制度創設などで徐々に進展（ただまだ道半ば）	D 税制上の現金非交付要件があまりに厳しい＋会社法上も欧米にない規制がある

6

株対価M&Aの意義②

3　大規模M&Aの重要な選択肢となる。

● 海外M&Aでの活用も可能。日本株の国際的魅力の向上にも資する

● デジタル化＋グローバル化の時代（winner takes it all）に、現金に偏った買収の選択肢では日本企業の国際競争力強化に不十分

4　中小企業における事業承継等の多様な用途にも活用できる。

5　手元資金に余裕のない新興企業等にとってもM&Aの機会が拡大する

● 株式市場等で将来の成長が期待されるが足元で資金に余裕のない企業にとって、企業成長に向けた積極的施策がより打ちやすくなる

日本の成長戦略/欧米とのイコールフッティングの観点から重要（経産省資料から）②

- 各国の大規模M&Aで使用される対価の種類を見ると、欧米では、一般的に、**積極的に株式を利用することで大規模なM&A**を戦略的に行っている。
- 日本では**制度整備が進んでいない**こと等の理由で、株対価M&Aの活用が進んでいない

大規模な買収案件で使用されている対価の種類
（各国の上位20案件）

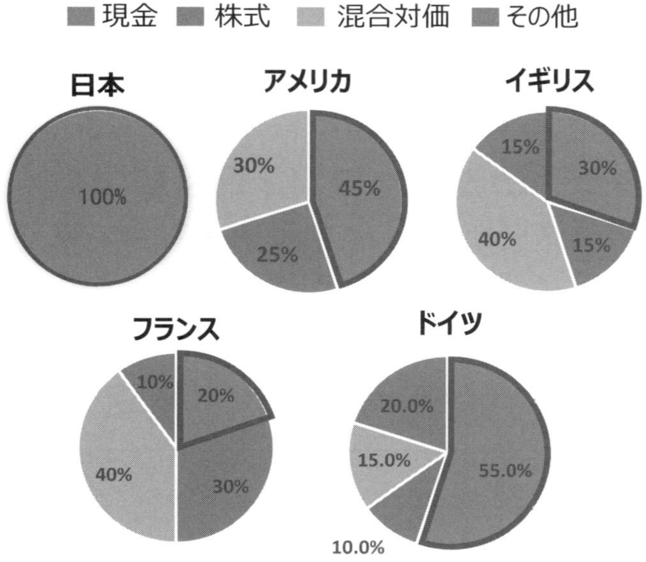

※いずれも案件数の割合。対象は1997年～2018年に完了したもの。

各国の規模別M&A案件数
（上場企業数１社あたり）

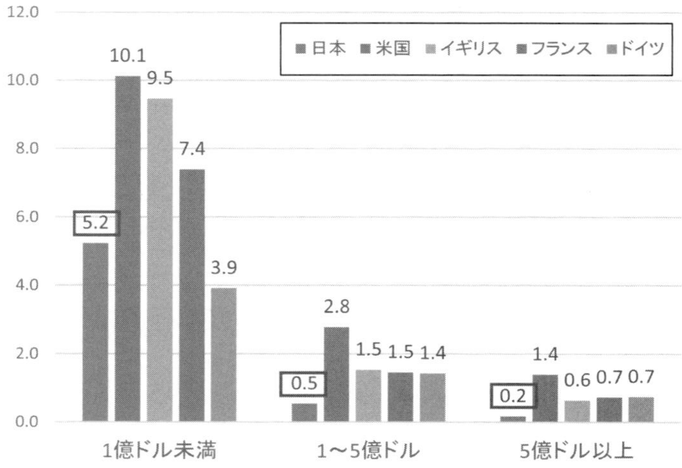

（注）1998年～2018年におけるM&A

出典：経済産業省資料

8

株式対価M&Aによる新たな産業・企業の育成の事例（テスラ）～経産省作成資料から

- **電気自動車メーカー世界トップのテスラ（米）**は、蓄電システムを開発・製造するマックスウェル（米）を株式対価M&Aで取得（2019年）。新たな技術を取り込むことで、**車載用電池の開発・生産効率の向上に加え、その他の蓄電池分野における更なる成長**を目指していると考えられる。
- テスラは、**継続的な赤字となっている中でも、事業の将来性への期待を反映して高水準となっている自社株式を対価とする**ことで、**総額約240億円のM&Aを実現させた。**

M&Aスキーム

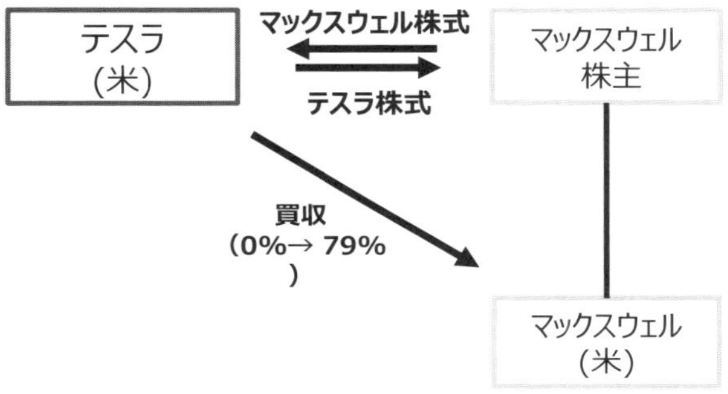

買収対価：240億円　（すべて株式対価）

テスラの部門別売上高（2014→2018）

9

株式対価M&Aによる大規模な再編の事例（ノキア）～経産省作成資料から

フィンランドの通信インフラ開発大手のノキアは、2011年頃まで世界最大の携帯電話端末メーカーであったが、アジア企業の台頭やスマートフォンの普及等により経営危機に陥ったものの、同業のアルカテル（仏）を取得しつつ、自社で強みを活かせない事業の売却等を通じ、通信インフラ・IoT関連事業に経営資源を集中。

このアルカテルに対するM&Aは、株式のみを対価とした買収であり、また、**買収金額が約1兆円だったのに対し、当時（2015年）のノキアの保有現金が約9,600億円程度であったため、**株式対価M&Aを活用することで保有現金を上回るM&Aを実現できたもの。

M&Aスキーム（アルカテル）

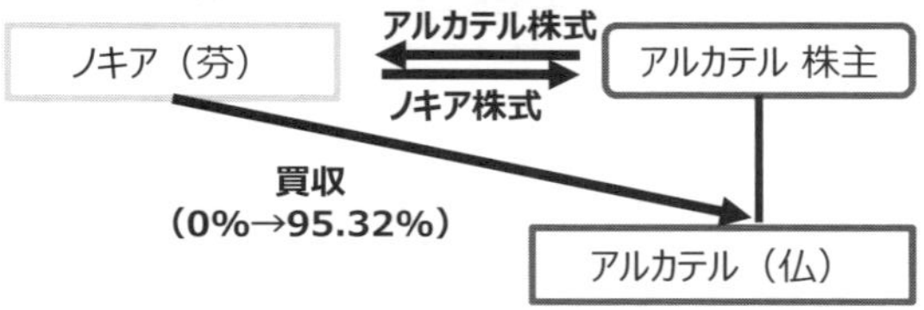

買収対価：ノキア株式約99.74億ドル相当（約１兆円）
（アルカテル株式１株あたり、ノキア株式0.55株）

M&Aの意義

- アルカテルは、通信事業者やプロバイダ、一般企業に対する通信インフラ、システムを世界規模で提供し、固定通信および移動通信向けブロードバンドインターネット接続、アプリケーションの分野において主導的な地位を占め、宇宙事業や軍用通信分野にも進出しており、ノキアは同社の開発技術と顧客基盤を取り込み、事業拡大を狙うことが買収目的のひとつと考えられる。
- ノキアは今後の成長市場であるIoT領域等での投資を加速させる一環として本件買収を行うと同時に、地図関連事業「HERE」の売却するなど、既存事業ポートフォリオの見直しにも着手している。

出典：プレスリリース、ホームページ等より作成

ノキアの部門別売上高（2013→2018）

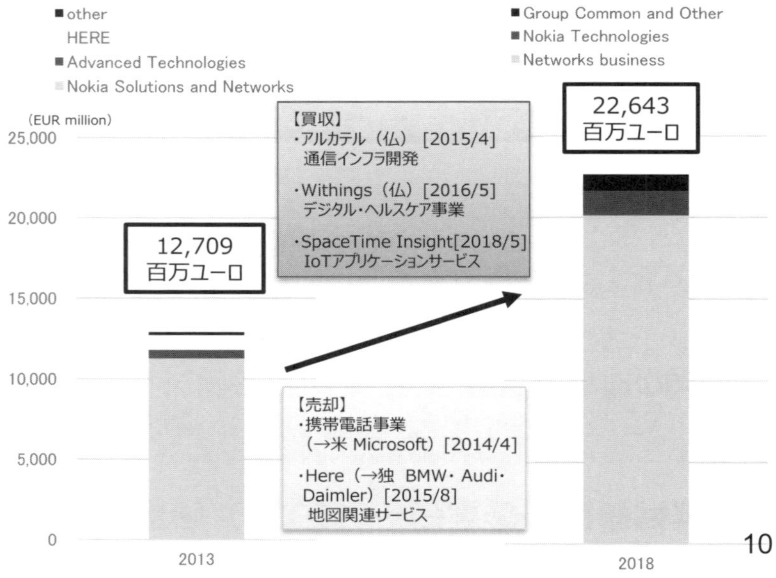

10

2000-2010年の間の世界の大型買収案件

	日付	買収企業	（所在国）	対象会社	（所在国）	取引金額（百万ドル）	対価
1	2000/6	Vodafone AirTouch PLC	（英国）	Mannesmann AG	（ドイツ）	202,785	現金・株式
2	2007/11	RFS Holdings BV	（オランダ）	ABN-AMRO Holding NV	（オランダ）	98,189	現金・株式
3	2005/8	Royal Dutch Petroleum Co	（オランダ）	Shell Transport & Trading Co	（英国）	74,559	株式
4	2004/8	Sanofi-Synthelabo SA	（フランス）	Aventis SA	（フランス）	60,243	現金・株式
5	2000/3	Total Fina SA	（フランス）	Elf Aquitaine	（フランス）	50,070	株式
6	2009/3	Roche Holding AG	（スイス）	Genentech Inc	（米国）	46,695	現金
7	2000/12	Vivendi SA	（フランス）	Seagram Co Ltd	（カナダ）	40,428	現金・株式
8	2000/3	Royal Bank of Scotland Group	（英国）	National Westminster Bank	（英国）	38,413	その他
9	2007/11	Rio Tinto Canada Holdings Inc	（カナダ）	Alcan Inc	（カナダ）	37,630	現金
10	2006/8	Mittal Steel Co NV	（オランダ）	Arcelor SA	（ルクセンブルク）	32,240	現金・株式

11

現金対価と株対価とは両方選択できるべき

1　手切れ金的性格　vs シナジーの継続享受

2　額（ S社の価値がいくらかの現金換算）　vs 交換比率

● 米国企業買収の調査結果（少し古いが）で現金対価のプレミアムが30%、エクイティ対価が24%というものもある。

3　格付けへの影響/財務の健全性　vs 希釈化の程度（EPSの低下等）

4　現金対価とエクイティ対価との適正な混合比率（混合対価）がある

5　cash is king vs P社株の魅力

6　日本の現行法制が現金対価に偏っている（株対価への対応が組織再編法制以降進んでいない）のはおかしい。

12

株対価M&Aに対する税制措置

1　産競法→2018年法改正で一部だけ認められた（しかし利用実績ナシ）

2　株式交付→現在検討中

- 神田秀樹「令和元年会社法改正の成立」資料版商事法務430号3頁「株式交付制度は、税制が整備されないと利用されない可能性が高い」

3　論点

- S社への法人課税が生じないことは必須（なお、株式交換でS社に法人課税が生じうるのは、日本だけの特異な税制である）
- S社株主側に強制性があるかないかで税制措置が違うのか（不動産の交換特例もあるのに／投資の継続性の概念）？
- Boot税制（混合対価の場合にS社株式の交換部分は課税繰延）に対するハードルが組織再編全体にある
- P社株だけが交付される場合、特定口座でS社株式を保有している個人株主（特定口座内での譲渡益の申告不要制度）は、課税繰延がない限り、TOBに応募できなくなる懸念（TOB代理人が所定の源泉徴収を行えない）

13

混合対価の世界まで拡充してこそ国際的イコールフッティング

1　日本の混合対価に対する税制（現金非交付要件）は欧米に比して厳しすぎる

2　会社法上も、P社が現金を混ぜたときにP社側に債権者保護手続が必要というのは過剰。

3　混合対価のタイプ

（1）　S社株主に一律に「P社株●＋現金」を交付する「ユニット対価型」

（2）　S社株主にP社株と現金との選択（あるいはP社株と現金との混合を含めた選択）を認める「選択対価型」

注　タイミングをずらした異時型の混合対価はあくまで疑似であって混合対価の本来目的を達しない

2　株対価M&Aの選択肢の比較

現物出資型の難点

下記の「現物出資規制」が難点

1　P社取締役及びS社引受株主の価額填補責任

注　「P社株の発行価額1円」とかにするのは実態に合わないし技巧的

2　検査役調査

3　P社における有利発行規制

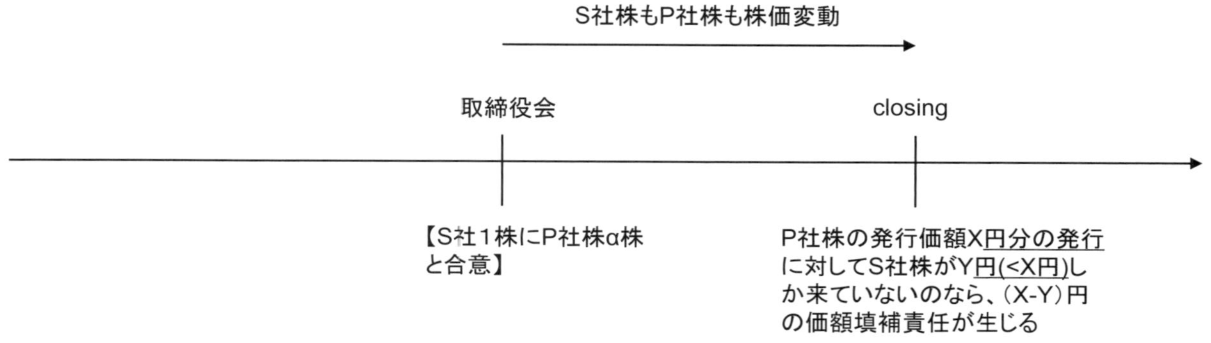
S社株もP社株も株価変動
取締役会
closing
【S社1株にP社株α株
と合意】
P社株の発行価額X円分の発行
に対してS社株がY円(<X円)し
か来ていないのなら、(X-Y)円
の価額填補責任が生じる

（参考） 現物出資規制をめぐる議論

● 平成17年会社法改正時の「現物出資に係る検査役調査・財産価格填補責任」についての法務省立案担当官の説明（別冊商事法務295号282頁）

1 現物出資が行われた場合には、・・会社の責任財産が増加することとなり、もしこれを過大に計上したとしても、配当拘束のかかる計数の増加が実財産の増加よりも大きいという意味で、・・二重に債権者にとって有利な状況であることから、会社の費用を用いてまで現物出資に係る検査薬の調査を行う義務を課すこととするのは、「資本充実による債権者保護」の観点からは説明できない。これは、現物出資に対して交付される株式の内容について、金銭出資をして株式の交付を受けた者の株式の内容との間に不均衡が生じることによって発生する株主間の価値移転を防止するための予防的な規制であると理解すべきである。

2 現物出資された財産の価額が、出資の対象となる株式の価額及び数を定めるに当たっての基準としての価格に著しく不足する場合に、取締役等が当該差額を支払う義務を負うこととするいわゆる財産価格填補責任についても、出資がされて責任財産が増加している以上、債権者保護の観点からの説明をすることは困難である。会社法においては、検査役の調査制度等により予防しようとしていた株主間の価値移転が実際に発生した場合に、これを巻き戻すために引受人に対して追加の出資を行う責任を定めるべきであるという理解の下に、その実効性を高めるために現物出資に関する職務を行った取締役等に対しても補完的に責任を負わせるものと整理している。

2019年改正会社法による株式交付制度の導入

1　株式交付制度（改正後会社法2条32号の2）

● 「株式会社（P社）が他の株式会社（S社）をその子会社（法務省令で定めるものに限る）とするためにS社の株式を譲り受け、S社株式の譲渡人に対して当該S社株式の対価としてP社の株式を交付することをいう」

2　改正趣旨（商事法務2220号の法務省立案担当官の解説）

● 「会社法上、他の株式会社を買収しようとする株式会社(買収会社)がその株式を対価として当該他の株式会社(被買収会社)を買収しようとする場合には、株式交換を用いることが考えられる。
　しかし、株式交換は、主として持株会社の設立等に用いることを想定して創設された制度であることもあり、この制度を用いる場合には、買収会社は、被買収会社の発行済株式のすべてを取得することとされている。したがって、買収会社が被買収会社を完全子会社とすることまでは予定していない場合には、株式交換を用いることができず、買収会社は、被買収会社の株式を現物出資財産として自社の株式の募集をする必要がある。

2019年改正会社法による株式交付制度の導入②

- もっとも、このような手法（＝現物出資の手法）を用いる場合には、原則として検査役の調査が必要となることなどが障害となり、実務上、株式を対価とする手法を用いることが困難になっていると指摘されていた。このような会社法の規律に対しては、株式会社が他の株式会社を買収して子会社としようとする場合に、被買収会社を完全子会社とすることを予定しているかどうかで規律に大きな違いを設ける必要はなく、株式会社がその株式を対価とする手法により円滑に他の株式会社を子会社とすることができるように見直しをすべきであると指摘されていた。

- そこで、改正会社法においては、買収会社がその株式を対価とする手法により円滑に被買収会社を子会社とすることができるように、買収会社が被買収会社をその子会社とするために被買収会社の株式を譲り受け、当該株式の譲渡人に対して当該株式の対価として買収会社の株式を交付することができる株式交付制度を新たに設けることとしている。」

株対価M&Aの手法の比較

	現物出資型	産競法型	株式交付制度
政府からの認定取得	不要	必要	不要
P社側の株主総会決議等の要否	取締役会の決議（有利発行の場合には総会特別決議）	株主総会の特別決議 簡易の場合は取締役会決議	株主総会の特別決議 簡易の場合は取締役会決議
P社株式発行時のP社の決議内容	S社株式の価額(払込金額)やP社の発行株式数等	S社株式との交換比率	S社株式との交換比率
有利発行規制	あり	なし	なし
現物出資規制＋価額填補責任	あり	なし	なし
P社の債権者保護手続	なし	なし	混合対価の場合あり
P社株主の差止請求権	あり	あり	あり（法令定款違反/簡易の場合はナシ）
P社株主の株式買取請求権	なし	あり（簡易の場合ナシ）	あり（簡易の場合ナシ）
S社がすでに子会社の場合	使える	使える	使えない（子会社化するワンショットの取引だけ）
S社が外国会社の場合	使える	使える	使えない

* P社が会社法上の公開会社であることを想定

組織再編に寄った株式交付制度

<table>
<tr><th></th><th>現物出資型</th><th>産競法型</th><th>株式交付制度</th><th>組織再編(株式交換)</th></tr>
<tr><td>P社</td><td>日本法上の株式会社・合同会社</td><td colspan="2">日本法上の株式会社</td><td>日本法上の株式会社・合同会社</td></tr>
<tr><td>S社</td><td>制限なし</td><td>日本法上の株式会社・外国法人</td><td colspan="2">日本法上の株式会社</td></tr>
<tr><td>S社株式の取得</td><td colspan="3">部分取得可能</td><td>全部取得のみ</td></tr>
<tr><td>S社がすでに子会社の場合</td><td colspan="2">利用可能</td><td>利用不可</td><td>利用可能</td></tr>
<tr><td>P社側の株主総会決議等の要否</td><td>取締役会決議(公開会社)。ただし、有利発行決議を経る場合は株主総会の特別決議</td><td colspan="3">株主総会の特別決議
ただし、簡易の場合は取締役会決議</td></tr>
<tr><td>P社の決議対象</td><td>S社株式の価額(X円)に対応したP社株式の発行株式数</td><td colspan="3">P社株式とS社株式との交換比率</td></tr>
<tr><td>有利発行規制</td><td>あり</td><td colspan="3">なし</td></tr>
<tr><td>現物出資規制＋価額填補責任(P社取締役・S社応募株主)</td><td>あり</td><td colspan="3">なし</td></tr>
<tr><td>P社の債権者保護手続</td><td colspan="2">なし</td><td colspan="2">対価に現金等が混ざる場合はあり</td></tr>
<tr><td>P社株主の差止請求権</td><td colspan="2">あり</td><td colspan="2">あり(法令定款違反/簡易の場合はなし)</td></tr>
<tr><td>P社株主の株式買収請求権</td><td>なし</td><td colspan="3">あり(簡易の場合はなし)</td></tr>
<tr><td>S社側の株主総会決議等の要否</td><td colspan="3">不要</td><td>株主総会特別決議(略式の場合以外)</td></tr>
<tr><td>S社株主の株式買収請求権</td><td colspan="3">なし</td><td>あり</td></tr>
</table>

21

株式交付制度の射程

1　組織再編の射程の明確性（？）等から起きた制約

(1)　S社が外国会社の場合に使えない

(2)　S社が50%を超えるワンショットでしか使えない（すでに子会社であるS社については使えない）

2　組織再編からの横並びの中での選択で起きたこと

(1)　（簡易以外のときに）P社側に株式買取請求権が生じる

(2)　混合対価の場合、簡易の判定において、現金対価部分を加算した上での2割判定（よって株式買取請求権の射程も広がっている）

(3)　混合対価の場合、P社側に債権者保護手続を要する

注　上記1(1)(2)と2(2)(3)は産競法型では生じない。産競法で可能な会社法上の特例が、会社法本則では不可の実質的理由は何か。

P社側の反対株式買取請求権の難点

太田洋＝柴田寛子＝浅岡義之＝野澤大和「武田薬品によるシャイアー買収の解説[Ⅱ]─日本法上の留意点(1)」商事法務2201号42頁

● 「本件買収は、その実行後における(有利子負債比率や財務格付け等に表れるような)財務的な健全性の確保及び既存の武田薬品の株主に生じる希釈化の程度等について緻密な検討が行われた上で、シャイアー株式1株当たり武田薬品株式0.839株及び30.33米ドルという混合対価が交渉・合意されたものであるところ、武田薬品の既存株式について最大で3分の1に及ぶ買取義務が生じるという不確実性は許容しがたいものであった」

2018年の産業競争力強化法改正の主なポイント

注　産業競争力強化法＝会社法特例＋税法特例

1　株対価M&Aの会社法特例の対象拡大

- 株対価M&A前から関係事業者であった場合も、会社法特例の対象に含める（ただし、税務上は非適格）
- 相対取引も射程に含める。
- ①スキームオブアレンジメント（英国等）や②P社のADR活用の場合も活用できることを明確化

2　S社株主の課税繰延措置の創設

- 「特別事業再編計画」の認定を受けた場合
- 非適格の場合も、S社の法人課税はナシ（非適格株式交換とは取扱いが異なる）

3　2019年11月に第一号案件（S社は外国会社（チリ））。

利用される場面について

	P社＝上場会社	P社＝非公開会社
S社＝上場会社	A	D
S社＝非公開会社	B	E
S社＝外国会社	C	F

- 産競法型の第一号案件はCのエリア

25

事業再編と特別事業再編の関係

「事業再編」

株対価M&A一般が含まれる

→①会社法特例あり＋②（特別事業再編の類型に当たらない限り）税法特例はなし

「特別事業再編」

株対価M&Aによる株式等の取得のうち、対価要件・余剰資金超過要件・事業活動要件等を満たすものに限る。また、S社が既に関係事業者である場合は含まれない。

→会社法特例と税法特例の両方あり※

※会社法と税法の両方の特例を使うか、いずれか一方の特例のみ使うかは事業者次第。

産競法型における会社法特例と税法上の特例の関係

会社法上の特例＝P社が日本企業の場合に重要
税法上の特例＝S社が日本企業の場合に重要

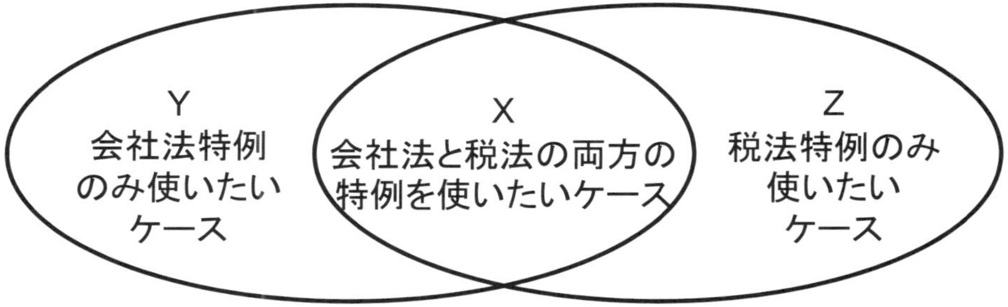

X+Z＝「特別事業再編」の要件を満たすスキームを組み、特別事業再編計画の認定を受ける必要がある。

通常→X

Y→①S社が外国会社の場合（CとF）、②S社が日本の会社で非適格でも良い場合、③「特別事業再編」の要件を満たさない場合

Z→会社法特例を使わない場合（なお、P社が外国企業の場合についてはそもそも射程外）

会社法特例の要件（＝事業再編計画）

1　事業再編計画または特別事業再編計画の認定を受けること

2　認定計画に従って、譲渡によりS社株式（外国法人の株式・持分・これらに類似するものも含む）を取得すること

3　①取得の対価として株式の発行若しくは自己株式の処分をすること又は②子会社に対して株式の発行若しくは自己株式の処分をすると共に、当該子会社がS社株式の取得の対価として、親会社株式（預託証券を含む）を交付すること

4　S社が関係事業者でない場合にあっては、当該取得によりS社を関係事業者としようとする場合であること

5　関係事業者→「事業者であって、他の事業者がその経営を実質的に支配していると認められるものとして主務省令で定める関係を有するもの」（現行の法2条8項、施行規則3条）。40％以上保有でも充たしうる（株対価TOBにおいて、TOB後の買付会社（買付会社の子会社・子法人を含む）の議決権保有割合が40％以上となるように買付予定数の下限を設定することを要する。事業再編の実施に関する指針六ロ）

現行の産競法型でも依然として厳しい日本の課税繰延要件

1　現金非交付要件

・ P社株式のみを対価として交付すること（現金を混ぜてはいけない＝混合対価は一律課税繰延の適用外）

注　端数分の現金はOK（組織再編税制のboot税制と同様）

注　①P社株式だけ＋②現金だけで100%化する二段階取引の場合の①についてはOK

2　関係事業者化をする取引に限定される（S社が既に子会社である場合は×）

3　余剰資金要件がかかる

4　生産性向上要件等の加重、新事業活動であること等がかかる

5　そもそもこうした計画を政府に提出することに伴う難点

計画の認定要件①（経産省資料から）

事業再編計画（6要件）	特別事業再編計画（9要件）
計画期間	計画期間
生産性の向上	生産性の向上
財務の健全性	財務の健全性
雇用への配慮	雇用への配慮
事業構造の変更	事業構造の変更
前向きな取組	前向きな取組
	新事業活動
	新需要の開拓
	経営資源の一体的活用

計画の認定要件②（経産省資料から）

<table>
<tr><th>要件</th><th>事業再編計画</th><th>特別事業再編計画</th></tr>
<tr><td>計画期間</td><td colspan="2">3年以内（大規模な設備投資を行うものに限り５年）</td></tr>
<tr><td>生産性の向上
（事業部門単位）</td><td>計画開始から３年以内に次のいずれかの達成が見込まれること。
①修正ＲＯＡ　２%ポイント向上
②有形固定資産回転率　５%向上
③従業員1人当たり付加価値額　６%向上（次頁参考参照）</td><td>計画開始から３年以内に次のいずれかの指標の達成が見込まれること。
①修正ＲＯＡ　３%ポイント向上
②有形固定資産回転率　１０%向上
③従業員1人当たり付加価値額　１２%向上</td></tr>
<tr><td>財務の健全性
（企業単位）</td><td colspan="2">計画開始から３年以内に次の両方の達成が見込まれること。
①有利子負債／キャッシュフロー≦１０倍　②経常収入＞経常支出</td></tr>
<tr><td>雇用への配慮</td><td colspan="2">計画に係る事業所における労働組合等と協議により、十分な話し合いを行うこと、かつ実施に際して雇用の安定等に十分な配慮を行うこと。</td></tr>
<tr><td>事業構造の変更</td><td>次のいずれかを行うこと。
①合併、②会社の分割、③株式交換、株式移転
④事業または資産の譲受け、譲渡、⑤出資の受入れ
⑥他の会社の株式・持分の取得、⑦会社の設立
⑧有限責任事業組合に対する出資、⑨施設・設備の相当程度の撤去 等</td><td>他の会社の株式・持分の取得を行うこと（以下の①～③すべてを満たすことが必要）
①他の会社を関係事業者とすること
②対価として自社の株式のみを交付すること
③対価として交付する株式の価額（対価の額）が余剰資金の額を上回ること
※余剰資金の額＝現預金－運転資金－上記以外の買収に要する資金の額
加えて左の①～⑨等を実施することも可能。</td></tr>
<tr><td>前向きな取組</td><td colspan="2">計画開始から３年以内に次のいずれかの達成が見込まれること。
①新商品、新サービスの開発・生産・提供 ⇒ 新商品等の売上高比率を全社売上高の１%以上
②商品の新生産方式の導入、設備の能率の向上 ⇒ 商品等１単位当たりの製造原価を５%以上削減
③商品の新販売方式の導入、サービスの新提供方式の導入 ⇒ 商品等１単位当たりの販売費を５%以上削減
④新原材料・部品・半製品の使用、原材料・部品・半製品の新購入方式の導入 ⇒ 商品１単位当たりの製造原価を５%以上削減</td></tr>
<tr><td>新事業活動</td><td></td><td>次のいずれかにあたる新事業活動を行うこと
①著しい成長発展が見込まれる事業分野における事業活動
②プラットフォームを提供する事業活動
③中核的事業へ経営資源を集中する事業活動</td></tr>
<tr><td>新需要の開拓</td><td></td><td>計画開始から３年以内に新たな需要を相当程度開拓することが見込まれること
⇒ 売上高伸び率≧過去３事業年度の業種売上高伸び率＋５%ポイント等</td></tr>
<tr><td>経営資源の一体的活用</td><td></td><td>申請事業者と関係事業者となる他の会社がそれぞれの有する知識、技術、技能等を活用することにより、商品又は役務の開発、資材調達、生産、販売、提供等において協力すること</td></tr>
</table>

31

余剰資金要件（経産省資料から）

● 特別事業再編の要件の一つとして、買収対価が「余剰資金」を超える必要がある

○ 買収対価と余剰資金の関係

以下の算式を満たす買収であること。

買収対価 ＞ 余剰資金＝現金預金－①運転資金－②計画に含まれる他の買収資金

＝

売上債権＋棚卸資産－仕入債務

※運転資金は常に変動しているため、原則として、直近事業年度末等、一定時点の金額と比較
※②計画に含まれる他の買収資金は、実際に行われる蓋然性の高い取引であることが必要

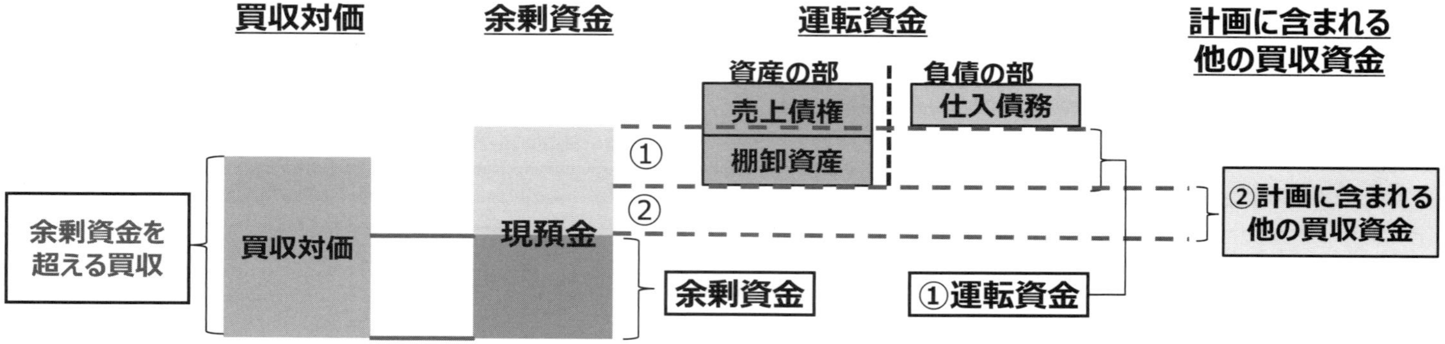

余剰資金要件②（経産省資料から）

- 買収対価の額は、交付見込みの買収会社株式数に合理的な株価を乗じて計算
- 買収対価と余剰資金の関係は計画で判断

○買収対価の額＝（１）交付見込みの買収会社株式数 ×（２）株価（時価相当額）

（１）交付見込みの買収会社株式数・・・計画上の数値に基づき算出

例）交付見込み株式数

・ TOBにおいて買付見込みの対象会社株式数（or相対取引の契約で定める予定の対象会社株式数）及び予定交換比率等を基礎とした数

（２）株価（時価相当額）・・・計画申請時までの株価等に基づき合理的な方法により算出 等

例）株価（時価相当額）

・ 買収会社が上場企業の場合：　計画申請直前の時価、申請直前1か月（3か月、6か月）の平均時価

・ 買収会社が非上場企業の場合：　買収対価を算定するに当たり当事者が参考にした株式価値評価額（類似会社比準方式による評価額、DCF法による評価額等） 等

<例：公開買付けの想定スケジュール>

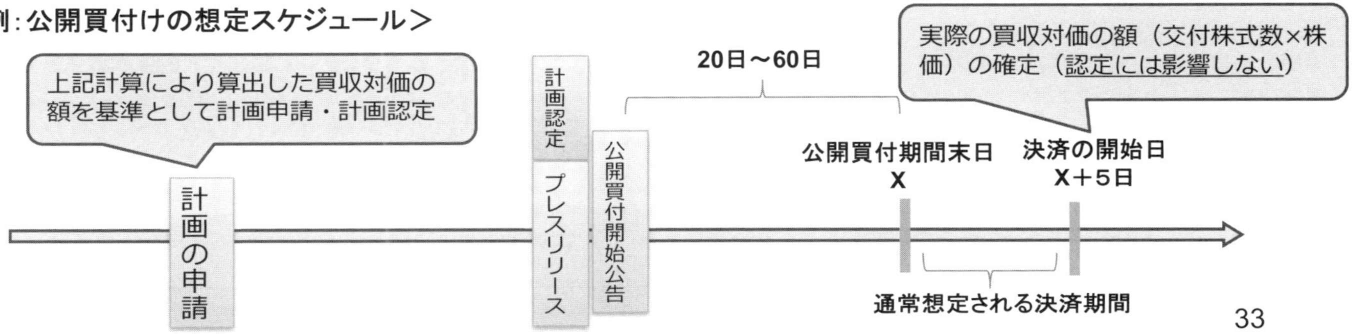

33

特別事業再編の新事業活動の類型①（経産省資料から）

以下の①～③のいずれかの類型にあたるもの

①成長発展分野における事業活動

健康、医療又は介護に関する事業分野	疾病予防、健康づくり、医療診療又は介護の自立支援等に関する社会課題に対応し、健康寿命の延伸を図るため、データ（ゲノム情報、データベース等）、人工知能、情報通信技術、ロボット、優れた技術シーズ等の活用により、健康、医療又は介護等に係る質の高い商品の開発、生産若しくは販売又は役務の開発若しくは提供を行う事業分野
移動の次世代化に関する事業分野	人又は物の移動の効率化又は高度化を図るため、データ、人工知能、情報通信技術、ロボット等の活用により、移動に係る商品の開発、生産若しくは販売又は役務の開発若しくは提供を行う事業分野
製品等の供給に係るプロセスの次世代化に関する事業分野	製品又はサービスの供給に係る企画、設計、資材調達、生産、物流、販売又は保守等の一連のプロセスの一部又は全部の効率化又は高度化を図るため、企業の枠を超えたデータ連携等により、製品等の供給に係る商品の開発、生産若しくは販売又は役務の開発若しくは提供を行う事業分野
快適なインフラ又はまちづくりに関する事業分野	インフラ設備の点検若しくは補修、防災対策、まちづくり等においてデータ、人工知能、情報通信技術又はロボット等の活用により、快適な社会の創出を図るため、建設、建物若しくは設備の保守若しくは管理、防災又はまちづくりに係る商品の開発、生産若しくは販売又は役務の開発若しくは提供を行う事業分野
先端技術を活用した金融関連サービスに関する事業分野	利用者の利便性の向上、企業の資金調達力や生産性又は収益力の向上を図るため、データ、人工知能、情報通信技術等の活用により、送金、決済、資産運用又は資金調達等の金融関連サービスに係る商品の開発、生産若しくは販売又は役務の開発若しくは提供を行う事業分野

34

特別事業再編の新事業活動の類型②（経産省資料から）

②プラットフォームを提供する事業活動

いわゆるプラットフォーマーの行う事業活動

具体的には、情報通信技術を活用する商品又は役務であって、次の（１）又は（２）のいずれかの特性を有していることにより、相当数の事業者の事業活動に広く用いられるものに係る事業活動。

（１）　相当数の事業者の事業活動に不可欠であって、他社が供給する商品又は役務によって代替することが容易でないこと

（２）　当該商品又は役務を利用する事業者又は消費者の数が増加することに応じて当該商品又は役務を利用する事業者の便益が相当程度増進されること

③中核的事業へ経営資源を集中する事業活動

いわゆる事業ポートフォリオの転換を行う事業活動

具体的には、買収対象会社の経営資源を活用して行う事業活動であって、中核的事業（当該事業者が行う他の事業に比して現に生産性が高い事業又は将来において高い生産性が見込まれる事業をいう。）の売上高又は総資産（以下「売上高等」という。）の当該事業者が行う全ての事業の売上高等の総額に対する割合が３%pt以上増加すると見込まれるもの。

35

二段階型取引も「株式のみ対価」要件充足（経産省資料から）

- ①特別事業再編による対象会社の株式の取得・関係事業者化と、
  ②関係事業者の株式の取得（金銭対価を含む）は、別の取引として整理している。

○特別事業再編（株式のみ対価）と関係事業者の株式の取得（金銭対価を含む）の整理

①特別事業再編（強化法2条12項1号イ）

自社の株式のみを対価として対象会社を関係事業者化（≒子会社化）する取引

②関係事業者の株式の取得（強化法2条11項1号ト括弧書前半）

関係事業者である対象会社の株式を金銭等を対価として取得する取引

（参考イメージ）

①特別事業再編
（強化法2条12項1号イ）

②関係事業者の株式の取得
（強化法2条11項1号ト括弧書前半）

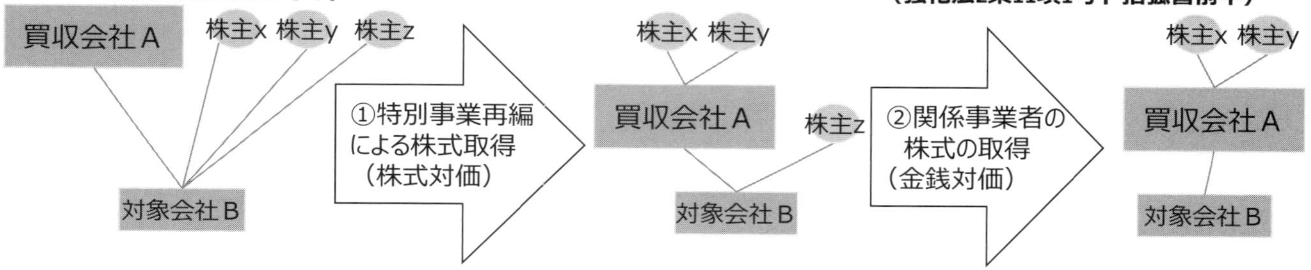

※対象会社を関係事業者化
（＝経営を実質的に支配）

⇒特別事業再編計画では、「②関係事業者の株式の取得」も含めて計画申請可能

36

産競法型を使おうとするときの課題

1　生産性向上に関する目標を設定し、当該数値目標は計画認定と共に公表される。

●　産競法がここで求めている数値目標の確度が、利益予想の開示等について厳格な開示等が求められる海外法制のもとでは、およそ両立しがたい事態となる。そのため、計画の作成・提出が難しい。

2　計画認定手続を経ていること自体が、柔軟な条件変更の支障となる

3　せっかく適正な混合比率の混合対価を定めたにもかかわらず、P社株主側の株式買取請求権が消えていない。

●　最大で3分の1に至る買取請求権でのキャッシュアウトがあり得るという不確実性は大問題

S社が外国会社の場合における現物出資型の事例

P社が上場会社の事例

1 P社株式の発行行為を、日本国内につくったP社の100%子会社との間で完了させた上で個別同意による交換を行う事例

2 P社株式の発行行為を、米国等につくったP社の100%子会社との間で完了させた上で逆三角合併を行う事例

3 S社が（SOAなどの）S社株主集団権利処理行為がある海外の上場企業で、closing時期と近接した時期に募集事項決定を行う事例

● いずれもS社株式全部の取得であって部分取得ではない。全株主同意で処理するか、S社側の準拠会社法下での株主集団処理行為。

● これら事例を踏まえても、価額填補責任等への制度的解決は依然として必要である

3　金商法等も踏まえた実務フロー関連

株対価M&Aにおける金商法上の諸論点

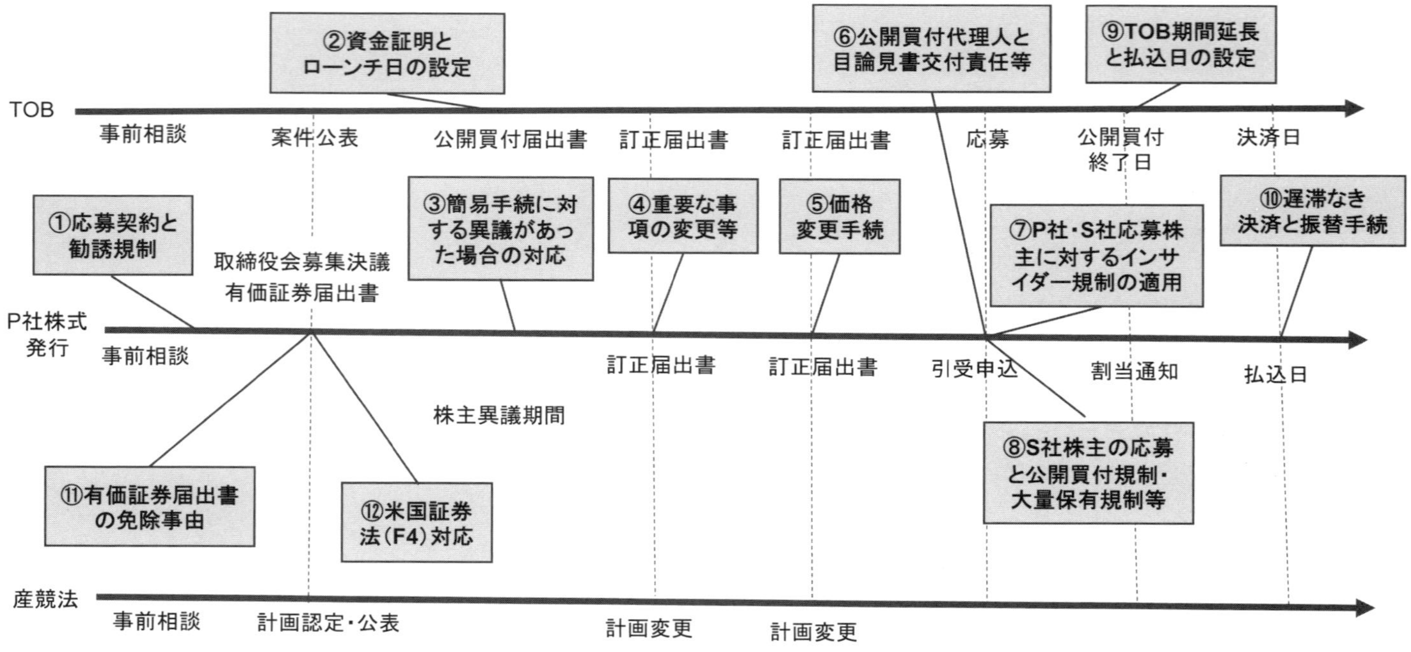

40

いくつかの実務上の留意事項

1　TOBでの資金証明関連

- 簡易の場合には役会議事録だけでなく法定数の株主異議通知を受けていないことを証するP社代表者の書面が必要（TOBに関するQ&A問42）→簡易の場合でも公表から2週間以上経過しないとTOBは開始できず、その間の株価変動リスクを負う。

2　P社における株式発行差止とTOBの撤回事由

- 株式交付についても産競法型についても、裁判所から株式発行差止仮処分が認容されたらTOBの撤回を認めるべき？
- P社側の事情による撤回を厳しく規制している相場操縦防止等の理由が発行差止の場合にまで妥当するか？
- TOB差止めまで同時に求める？
- S社応募株主による個別対処で回るのか？
- 撤回事由と差止制度との関係整理

いくつかの実務上の留意事項②

3　交換比率の事後修正

- 上方修正→株式交付における会社法上の異議手続もやり直しなので、2週間経過しないとTOBの訂正届出書も出せない。有価証券届出書とTOB届出書の再提出からさらに10営業日延長される。産競法では政府認可も取り直し。事実上のNo increase？

- 下方修正→現金対価の場合と同様（近時の議論として飯田秀総「対象会社による配当と公開買付価格の引下げ」商事法務2221号4頁）

4　円滑な決済が出来るインフラの整備

- TOBによる集団処理手続と会社法上の株式発行手続（＋登記手続）との円滑な接合（個別にP社株式を降らせるフロー、S社株主の新規口座の開設、登記関連処理、個人情報処理・・・）

- 源泉徴収関連（特定口座関連など）

5　フローバック対策

日本における決済フロー

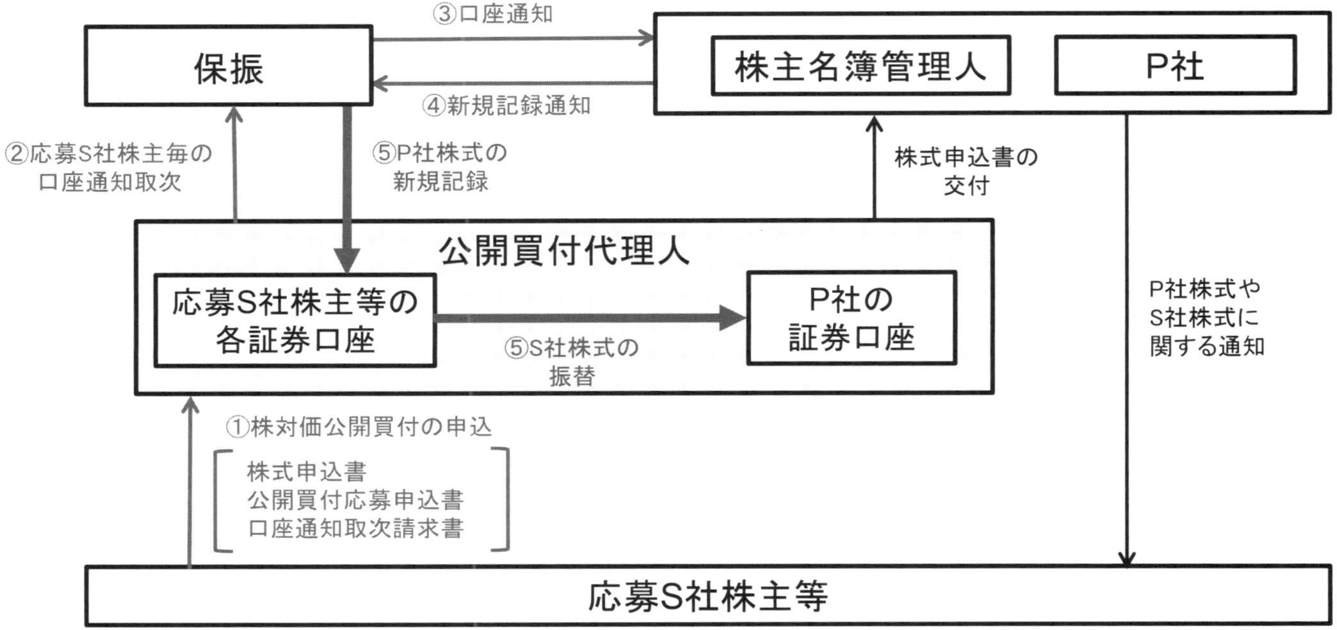

- P社（株主名簿管理人）は、各応募S社株主（P社株式の割当先）の口座等の情報を、振替機関を通じて、公開買付代理人の証券会社に通知し、当該証券会社が各応募S社株主のP社株式増加の記録を行う。応募S社株主1人1人のデータについて個別処理をする。

想定される実務整理（P社株式の全てが新規記録される場合）

1　応募S社株主は、公開買付代理人（X証券）に証券口座を開設していない場合、X証券に証券口座を開設した上で、当該S社株式を当該証券口座で保管する（ P社もX証券に証券口座を開設して、応募S社株主の証券口座からP社の証券口座へS社株式の振替を行う）。TOB期間間際に売付け等の申込があった場合、X証券における証券口座の開設や他の証券会社からのS社株式の振替に相応の時間を要する旨、TOB期間末日までに当該振替が完了する必要がある旨を、了知させる。

2　応募S社株主は、X証券に対して、①TOBへの売付け等の申込のほか、（P社に対する会社法上の募集株式の引受申込として）②引受P社株数を記載した株式申込と③応募S社株主の証券口座へP社株式を新規記録する口座通知取次請求を行うこととなる。①②③は「合体書面」とすることが実務的にも効率的。合体書面は会社法上の株式申込書でもあるので、X証券は合体書面原本をとりまとめてTOB期間終了後に速やかにP社に交付。

想定される実務整理（P社株式の全てが新規記録される場合）

3　合体書面はP社における変更登記申請の添付書類にもなるところ、法務局への提出等に係る個人情報の取り扱いについて同意を取得する。

4　按分比例となって合体書面記載の売付株数が修正されても、合体書面記載の個別事後修正は不要（会社法204条1項の解釈から）。

5　応募S社株主に対する「TOBによる買付け等の通知書」（TOB府令）と割当P社株式数の通知（会社法204条3項）とは兼ねて行うことが可（但し兼用する旨を明示すること）。

[注　上記は日本証券業協会が証券会社からの照会を受けた事項のみを関係省庁に確認した内容を参考に記載。実際の自社株対価公開買付けにおいては、これらの内容に限らず、それぞれの案件ごとに、関係者間において個別協議が必要であることに留意]

4　最後に

―比率交換型（交換比率合意型）の制度論―

株対価M&Aに関する更なる制度整備の必要性

1　会社法→交換比率型に対する株式発行規制の見直し

● 合併を集団権利処理的な観点から株式交換と会社分割に分解した組織再編の創設は2000年頃。そろそろinnovativeに（組織再編からある程度離れた）新たな規律を設けることはできないものか

2　産競法→海外法制対応も踏まえた計画認定手続のありかた

3　税制→課題が多いが、boot税制の整備（現金非交付要件の全面見直し）まで行かないと国際的イコールフッティングにはほど遠い

比率交換型の新しい株式発行規律の必要性①

1　P社とS社とが真摯に交渉して交換「比率」で決めたものを、わざわざS社株式の価額という「金額」に置き換えて、価額填補責任や有利発行を問う法制を維持しないといけないのか

- 交換比率の合意以降、募集事項決定時点からクロージング時点までの間にP社株価もS社株価も当然変動する。それなのにわざわざS社株式の「価額/金額」とかP社株式の「価額/金額」に置き換えて、価額填補責任や有利発行規制を課していること自体が、交換比率で交渉される株対価M&Aの基本構造にそもそも合っておらず、大きな障害である。

- 額にわざわざ置き換えていることが、P社で有利発行決議を実務でとる一因でもある

- 平成17年改正会社法立案担当官（別冊商事法務295号60頁）：価額填補責任を取締役に負わせる規定の合理性には疑問がないわけではない。負わせないことにする理由としては、・・取締役が填補責任を履行しても、履行によって会社が得た財産は利益移転後の持分比率に応じて各株主に帰属するだけであって、株主間の価値移転によって被った既存株主の損害の回復には何ら寄与するものではないことが考えられる。

比率交換型の新しい株式発行規律の必要性②

- なお、(P社取締役の価額填補責任が免除される)検査役調査の現行制度は、調査に要する時間も読めないし結論も不確実性が高いので、株対価M&Aでは(ディール実施の障害でしかなく)選択肢となっていない。

- 引受S社株主側の個別取消と言っても、大量のS社株主(海外株主を含む)もいるし、またS社側がSOAなどの組織再編的行為でS社株主の個別取消が許容できないときもある(個別処理の世界で到底回らない話である)。

- 募集株式の発行の規律を基礎としたうえで、P社の株主総会授権決議を基本とした制度設計での対処でどうか。「P社総会決議(有利発行決議等)+価額填補責任+買取請求権+差止請求権」というフルコースはさすがに過剰。

比率交換型の新しい株式発行規律の必要性③

2　比率交換型の株式発行の規律の一案（なお下記はP社が公開会社の場合）

(1) 株式発行のP社総会決議を経ることで、有利発行規制も価額填補責任も生じない。

- 現行の授権資本枠制度の4倍の範囲内であっても総会決議を経ることとする。
- P社総会の決議要件は、[普通]決議でどうか。
- なお、2019年改正会社法では取締役の報酬としての株式発行について、払込金額を定める必要がなく、総会授権（普通決議）の承認を得たものが有利発行に該当しない
- P社の総会決議について、2割以下の簡易の世界（取締役会決議で可）は残す。

(2) P社株主の買取請求権は、通常の募集株式発行の場合（有利発行の場合を含む）と同様、ナシ

(3) P社株主の差止請求権は、通常の募集株式の発行の場合と同様か（①簡易の場合もアリか、②法令定款違反の場合だけでなく著しく不公正の場合もか）

比率交換型の新しい株式発行規律の必要性④

(4) 混合対価の場合の現金部分は2割要件等の際にカウントしない（現金で株を買った事象とする）。P社における債権者保護手続も不要。

(5) 検査役調査も不要。

(6) S社が外国会社でも適用される。

(7) 「S社を子会社化する場合」に限定しない。

● 射程についての議論→ S社株式の取得比率から境界を引くという射程はかなりセットバックした選択肢であり、その議論に行く前に下記①から③について検討

① P社で総会決議を経て株式発行をしている場合をすべて射程とするか

② S社株式（＝比率交換型）に限るか、現物出資財産全部とするか

③ 市場株価があるS社株式か市場株価がないS社株式かでP社側の決議要件等において何か差異を設けるか

3 先にS社株式の譲渡が完了してから（対抗要件具備まで必要）P社株式を発行するという先履行関係を、同時履行を可能とする

51

資　料

【配布資料】

松尾拓也＝本柳祐介＝森田多恵子＝田端久美「株対価 M&A・株式交付と金商法上の論点」（神田秀樹責任編集「企業法制の将来展望―資本市場制度の改革への提言[2020 年度版]」（財経詳報社）317 頁以下）

に十分な正当化根拠があるか否かも自明ではない。こうした点を考慮すると、安易に日本でも個人投資家の信頼確保のためにRBIのような厳格な基準を導入すべきだという結論を出すことはできない[93]。

その一方で、RBIとその公式説明は、例えば、販売会社の担当者レベルでのインセンティブの歪みに着目し、担当者の報酬が売り上げによって過度に上下しないようにするといった対応例を示したこと等、日本でも問題となりうる事象に具体的に踏み込んで検討している点では示唆に富むことは間違いない。我が国の「顧客本位の業務運営に関する原則」はプリンシプル・ベースを採用しているところ、各金融事業者が各社での具体的な対応を検討する際にRBIの内容を参考とすることは有益であると考えられる。また、「顧客本位の業務運営に関する原則」そのものについて、現在プリンシプル・ベースで規定されている内容のうちルールとして具体的に規定すべき内容があるかを検討する際には、RBIは重要な参照対象の一つとなるだろう。

93 小出・前掲注90）259頁参照。

第11章

株対価M&A・株式交付と金商法上の論点

西村あさひ法律事務所
弁護士　松尾　拓也
弁護士　本柳　祐介
弁護士　森田多恵子
弁護士　田端　公美

1　株対価 M&A の概要

(1)　株対価 M&A に関する法改正

①　金銭対価 M&A と株対価 M&A

株対価 M&A とは、金銭を対価とするのではなく、買収会社の自社株式を対価として行う M&A である（**図表 1**）。以下、買収会社を「P 社」といい、買収の対象となる会社を「S 社」という[1]。

株対価 M&A は、金銭との混合対価とされる場合を含め、欧米では一般的な手法である（**図表 2**）。（i）大規模 M&A 案件の場合、（ii）P 社株が急成長を遂げている場合、（iii）手切れ金的に買収するのではなく買収後に協働してシナジーを享受したい場合、（iv）P 社側の財務状況の一時的な悪化を避けたい場合など、さまざまなニーズにおいて活用されている。Google のように、手元資金に制約のある新興ベンチャー企業が、成長初期からの加速段階において、株対価 M&A を活用し急速な成長を遂げる一助とした例も有名である。

会社法上の組織再編によらない株対価 M&A は、日本でもようやく活用の動きが見られつつある。近時の事例としては、武田薬品工業（株）が英国のロンドン証券取引所に上場するシャイアー社（英国王室属領ジャージー会社法が設立準拠法）を約 7 兆円の規模（株式と金

図表 1　株対価 M&A

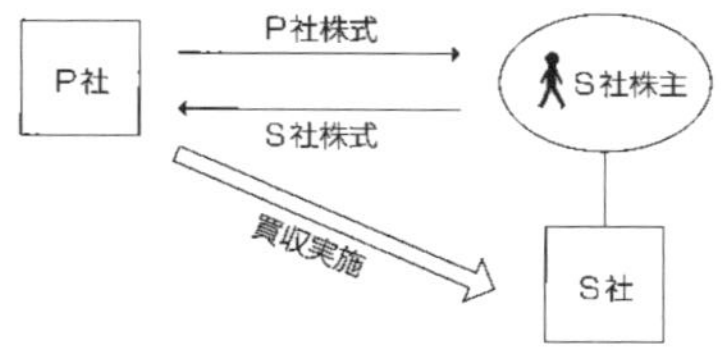

出典：武井一浩＝松尾拓也＝森田多恵子＝田端公美「株対価 M&A 解禁の実務上の意義」旬刊商事法務2176号

1　株対価 M&A には、合併や株式交換などの会社法上の組織再編と、現物出資やいわゆる Exchange tender offer などの会社法上の組織再編以外の方法によるものがあるが、本稿では後者の形態による株対価 M&A について論じる。なお本稿執筆に当たっては同僚の武井一浩弁護士から有益な示唆をいただいた。

図表 2　欧米では一般的な株対価 M&A

- 各国の大規模な株式公開買付（TOB）で使用される対価の種類を見ると、欧米では、一般的に、**積極的に株式を利用することで大規模な M&A** を戦略的に行っている。
- 日本においては、**現金の買収のみ**になっており、海外と比べ**大規模な M&A が少ない。**

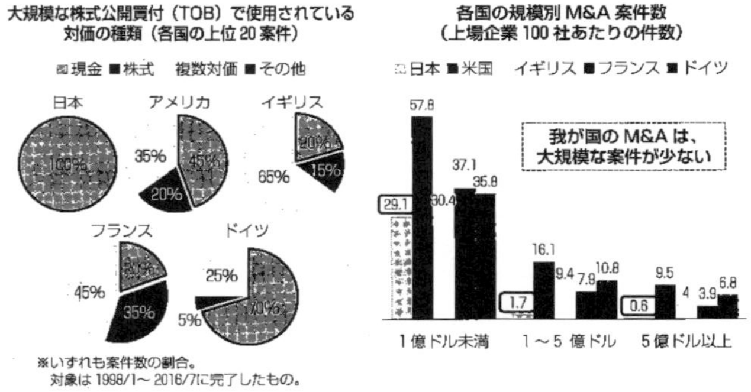

出典：経済産業省「企業の稼ぐ力向上に向けたコーポレートガバナンス改革の取組（2019年 1 月18日）」[2]

2　https://www.kantei.go.jp/jp/singi/keizaisaisei/miraitoshikaigi/suishinkaigo2018/corporate/dai3/siryou4.pdf

銭との混合対価）で買収した事例が著名である。

② **2018年度産業競争力強化法改正**

会社法上の組織再編によらない株対価 M&A は、①会社法上、P社が現物出資規制及び有利発行規制の適用を受けること、②税制上S社株主に課税負担が生じることから、日本では欧米ほどは活用されてこなかった。その結果、日本における株対価 M&A は、会社法上の組織再編によるS社株式の100%取得が前提となり、S社を上場維持させたり、S社創業者の持株を維持させる等の目的で部分的買収を行う場合には、事実上、金銭対価しか選択肢がなかった。

2011年の産業活力の再生及び産業活動の革新に関する特別措置法の改正により、自社株式を対価とする公開買付けに限って現物出資規制や有利発行規制を適用除外とする特例措置が創設されたが、株主課税の問題はなお残されていた。また、S社を新たに関係事業者等とする場合に適用範囲が限定されていた。

2018年の産業競争力強化法（以下「産競法」という。）の改正により、現物出資規制等を適用除外とする会社法特例の対象範囲を公開買付け以外の相対取引や既存の関係事業者の株式の買増しにも拡大するとともに、株主課税の繰延措置を受けることができる税法特例が創設され、株対価 M&A は新たな時代に入った[3]。

事業再編計画の認定を受けると会社法の特例等が受けられ、特別事業再編計画の認定を受けると会社法の特例等に加えて株主課税の繰延措置という税法の特例が受けられる。後記**図表 5** のとおり、特別事業再編計画は、事業再編計画の加重類型となっている。

③ **2019年度会社法改正法案**

株対価 M&A については、2019年に国会提出された会社法改正法案

において、株式交付制度が創設されている。概要は**後記(4)**のとおりである。なお本稿では、株式交付によるものも含めて「株対価 M&A」と言及する。

(2) 産競法上の会社法特例

① **会社法特例の概要**

産競法は、事業再編計画又は特別事業再編計画の認定を受けたP社が、認定計画に従って、自社株式[4]を対価とする譲渡によりS社の株式等を取得し、S社を関係事業者又は外国関係法人[5]（以下「関係事業者等」という）とする場合（又は既存の関係事業者等の株式等の追加取得を行う場合）に、P社株式の発行等について、**図表 3** の特例を置

3　改正前の解説として、経済産業省経済産業政策局産業再生課編『産業競争力強化法逐条解説』（経済産業調査会、2014）、武井一浩＝郡谷大輔編著『株対価 M&A の実務 Q&A』（商事法務、2011）。2018年改正産競法における株対価 M&A 関連の解説として、安藤元太＝中山龍太郎＝松尾拓也＝武井一浩「〈座談会〉M&A 新時代——株対価M＆Aの幕開け」MARR286号（2018）、業天邦明＝越智晋平＝大草康平「迅速かつ大胆な事業再編の促進に向けた税制改正及び関連法改正について」MARR281号（2018）、越智晋平「産業競争力強化法における会社法特例の改正の解説」旬刊商事法務2173号（2018）4頁以下、業天邦明＝大草康平「産業競争力強化法における株式対価M＆Aに関する計画認定制度の創設および税制措置の解説」旬刊商事法務2174号（2018）18頁以下、武井一浩＝松尾拓也＝森田多恵子＝田端公美「株対価 M&A 解禁の実務上の意義」旬刊商事法務2176号（2018）16頁以下、武井一浩＝松尾拓也＝森田多恵子＝田端公美『株対価 M&A の実務』（商事法務、2019）、経済産業省ウェブサイト「逐条解説（平成30年改正（事業再編計画等に係る改正部分（会社法特例・特別事業再編計画等）））」（https://www.meti.go.jp/policy/jigyou_saisei/kyousouryoku_kyouka/pdf/sankyohokaisetsu_kaishahotokurei190219.pdf）など。

4　買収会社をP社の完全子会社等にすることもできる（産競法32条1項、産業競争力強化法施行規則（以下「産競法施行規則」という）25条）。この場合は、P社株式のほか、P社株式を裏づけとする預託証券を対価とすることもできる（産競法32条1項）。

図表3　主な会社法特例

①	出資財産であるＳ社株式の「価額」を決定することを要さず、Ｓ社株式とＰ社株式の交換比率を決定すれば足りる。
②	Ｐ社の株主総会特別決議（簡易要件を満たす場合は原則不要）。
③	有利発行規制、検査役調査、Ｓ社株主・Ｐ社取締役等の価額塡補責任を適用除外。
④	Ｐ社株主の株式買取請求権（簡易要件を満たす場合は株式買取請求権なし）。
⑤	子会社を通じて株対価 M&A を行う場合、子会社の親会社株式の取得禁止規定を適用除外。

出典：武井一浩＝松尾拓也＝森田多恵子＝田端公美「株対価 M&A 解禁の実務上の意義」旬刊商事法務2176号

いている（産競法32条）。Ｓ社側での株主総会決議は不要である。産競法施行後の①現物出資型、②産競法型、③組織再編型（株式交換型）の比較表は**図表４**のとおりである。

②　事業再編計画の要件

事業再編計画の認定を受けた場合、株対価 M&A に関する会社法特例の適用その他の各種の政策的支援を受けられる。

事業再編計画の主な認定要件には、(1)計画期間、(2)生産性の向上、(3)財務の健全性、(4)雇用への配慮、(5)事業構造の変更、(6)前向きな取組の六つの項目がある（**図表５・６**）。

5　関係事業者とは、「事業者であって、他の事業者がその経営を実質的に支配していると認められるものとして主務省令で定める関係を有するもの」をいい（産競法２条８項）、（ⅰ）持株比率50％以上、（ⅱ）持株比率40％以上かつ派遣役員比率50％以上、（ⅲ）持株比率20％以上の筆頭株主かつ派遣役員比率50％以上等の関係にある他の事業者をいう（詳細は、産競法施行規則３条）。外国関係法人についても同様の定義が定められている（産競法２条９項、産競法施行規則４条）。

図表４　株対価 M&A の手法の比較（Ｐ社が公開会社の場合）

	現物出資型	産競法型	組織再編型（株式交換型）
産競法の認定	不要	必要	不要
Ｐ社側の株主総会決議等の要否	取締役会決議（有利発行決議を経る場合は株主総会の特別決議）	株主総会の特別決議（簡易の場合は取締役会決議）	株主総会の特別決議（簡易の場合は取締役会決議）
Ｐ社株式発行時のＰ社の決議内容	Ｓ社株式の価額（払込金額）とＰ社の発行株式数	Ｓ社株式との交換比率	Ｓ社株式との交換比率
有利発行規制	あり	なし	なし
現物出資規制	あり	なし	なし
Ｐ社の債権者保護手続	なし	なし	株対価の株式交換について　なし
Ｐ社株主の差止請求権	あり	あり	あり（簡易の場合なし）
Ｐ社株主の株式買取請求権	なし	あり（簡易の場合なし）	あり（簡易の場合なし）
Ｓ社側の株主総会決議等の要否	不要	不要	株主総会の特別決議が必要（略式の場合以外）
Ｓ社株主の株式買取請求権	なし	なし	あり
Ｓ社株主の所得課税	繰延措置なし	繰延措置あり	繰延措置あり
Ｓ社の法人課税	なし	なし	非適格の場合あり

出典：武井一浩＝松尾拓也＝森田多恵子＝田端公美「株対価 M&A 解禁の実務上の意義」旬刊商事法務2176号

(3)　産競法上の税法特例

①　税法特例の概要

租税特別措置法上、特別事業再編計画の認定を受けた事業者が特別事業再編により他の法人の株式（出資を含む）を取得し、対価として自社株式を交付した場合、株主側の課税が繰り延べられる。特別事業再編計画の認定は、2021年３月31日までに受けることが必要である

図表5　計画の認定要件（概要）

事業再編計画（6要件）	特別事業再編計画（9要件）
計画期間	計画期間
生産性の向上	生産性の向上
財務の健全性	財務の健全性
雇用への配慮	雇用への配慮
事業構造の変更	事業構造の変更
前向きな取組	前向きな取組
	新事業活動
	新需要の開拓
	経営資源の一体的活用

出典：経済産業省「産業競争力強化法における事業再編計画の認定要件と支援措置について」[6]

（租税特別措置法37条の13の3、66条の2の2、68条の86）。税法特例は、S社株主側にとって意義があるので、S社株主に外国税制が適用される場合には関係がない。

②　特別事業再編計画の要件

特別事業再編計画の認定要件は、**図表5・6**のとおりである。事業再編計画と同様の六項目に加えて、(7)新事業活動（活動類型は**図表7**のとおり）、(8)新需要の開拓、(9)経営資源の一体的活用の項目が追加されている。

事業再編計画と共通の六項目のうち、(2)生産性の向上に関する項目は、数値基準が加重されている。(5)事業構造の変更に関しては、S社を新たにP社の関係事業者等にすることが必要であり、事業再編計画

6　https://www.meti.go.jp/policy/jigyou_saisei/kyousouryoku_kyouka/180801_gaiyou.pdf

図表6　計画の認定要件（詳細）

要件	事業再編計画	特別事業再編計画
計画期間	**3年以内（大規模な設備投資を行うものに限り5年）**	
生産性の向上（事業部門単位）	**計画の終了年度において次のいずれかの達成が見込まれること。** ①修正 ROA　2％ポイント向上 ②有形固定資産回転率　5％向上 ③従業員1人当たり付加価値額　6％向上	**計画の終了年度において次のいずれかの指標の達成が見込まれること。** ①修正 ROA　3％ポイント向上 ②有形固定資産回転率　10％向上 ③従業員1人当たり付加価値額　12％向上
財務の健全性（企業単位）	**計画の終了年度において次の両方の達成が見込まれること。** ①有利子負債／キャッシュフロー≦10倍　②経常収入＞経常支出	
雇用への配慮	**計画に係る事業所における労働組合等と協議により、十分な話し合いを行うこと、かつ実施に際して雇用の安定等に十分な配慮を行うこと。**	
事業構造の変更	**次のいずれかを行うこと。** ①合併、②会社の分割、③株式交換、株式移転、④事業または資産の譲受け、譲渡、⑤出資の受入れ、⑥他の会社の株式・持分の取得、⑦会社の設立、⑧有限責任事業組合に対する出資、⑨施設・設備の相当程度の撤去等	**他の会社の株式・持分の取得を行うこと（以下の①〜③すべてを満たすことが必要）** ①他の会社を関係事業者とすること ②対価として自社の株式のみを交付すること ③対価として交付する株式の価額（対価の額）が余剰資金の額を上回ること ※余剰資金の額＝現預金－運転資金－上記以外の買収に要する資金の額 加えて左の①〜⑨等を実施することも可能。
前向きな取組	**計画の終了年度において次のいずれかの達成が見込まれること。** ①**新商品、新サービスの開発・生産・提供**⇒ 新商品等の売上高比率を全社売上高の1％以上 ②**商品の新生産方式の導入、設備の能率の向上**⇒ 商品等1単位当たりの製造原価を5％以上削減 ③**商品の新販売方式の導入、サービスの新提供方式の導入**⇒ 商品等1単位当たりの販売費を5％以上削減 ④**新原材料・部品・半製品の使用、原材料・部品・半製品の新購入方式の導入**⇒ 商品1単位当たりの製造原価を5％以上削減	
新事業活動		**次のいずれかにあたる新事業活動を行うこと** ①著しい成長発展が見込まれる事業分野における事業活動 ②プラットフォームを提供する事業活動 ③中核的事業へ経営資源を集中する事業活動
新需要の開拓		**計画の終了年度において新たな需要を相当程度開拓することが見込まれること** ⇒売上高伸び率≧過去3事業年度の業種売上高伸び率＋5％ポイント等
経営資源の一体的活用		**申請事業者と関係事業者となる他の会社が**それぞれの有する知識、技術、技能等を活用することにより、商品又は役務の開発、資材調達、生産、販売、提供等において**協力すること**

出典：経済産業省「産業競争力強化法における事業再編計画の認定要件と支援措置について」を筆者にて一部修正

図表７　新事業活動の類型

以下の①～③のいずれかの類型にあたるもの	
①著しい成長発展が見込まれる事業分野における事業活動	
健康、医療又は介護に関する事業分野	疾病予防、健康づくり、医療診療又は介護の自立支援等に関する社会課題に対応し、健康寿命の延伸を図るため、データ（ゲノム情報、データベース等）、人工知能、情報通信技術、ロボット、優れた技術シーズ等の活用により、健康、医療又は介護等に係る質の高い商品の開発、生産若しくは販売又は役務の開発若しくは提供を行う事業分野
移動の次世代化に関する事業分野	人又は物の移動の効率化又は高度化を図るため、データ、人工知能、情報通信技術、ロボット等の活用により、移動に係る商品の開発、生産若しくは販売又は役務の開発若しくは提供を行う事業分野
製品等の供給に係るプロセスの次世代化に関する事業分野	製品又はサービスの供給に係る企画、設計、資材調達、生産、物流、販売又は保守等の一連のプロセスの一部又は全部の効率化又は高度化を図るため、企業の枠を超えたデータ連携等により、製品等の供給に係る商品の開発、生産若しくは販売又は役務の開発若しくは提供を行う事業分野
快適なインフラ又はまちづくりに関する事業分野	インフラ設備の点検若しくは補修、防災対策、まちづくり等においてデータ、人工知能、情報通信技術又はロボット等の活用により、快適な社会の創出を図るため、建設、建物若しくは設備の保守若しくは管理、防災又はまちづくりに係る商品の開発、生産若しくは販売又は役務の開発若しくは提供を行う事業分野
先端技術を活用した金融関連サービスに関する事業分野	利用者の利便性の向上、企業の資金調達力や生産性又は収益力の向上を図るため、データ、人工知能、情報通信技術等の活用により、送金、決済、資産運用又は資金調達等の金融関連サービスに係る商品の開発、生産若しくは販売又は役務の開発若しくは提供を行う事業分野

②プラットフォームを提供する事業活動

いわゆるプラットフォーマーの行う事業活動

具体的には、情報通信技術を活用する商品又は役務であって、次の（１）又は（２）のいずれかの特性を有していることにより、相当数の事業者の事業活動に広く用いられるものに係る事業活動。

（１）　相当数の事業者の事業活動に不可欠であって、他社が供給する商品又は役務によって代替することが容易でないこと

（２）　当該商品又は役務を利用する事業者又は消費者の数が増加することに応じて当該商品又は役務を利用する事業者の便益が相当程度増進されること

③中核的事業へ経営資源を集中する事業活動

いわゆる事業ポートフォリオの転換を行う事業活動

具体的には、関係事業者等の経営資源を活用して行う事業活動であって、中核的事業（当該事業者が行う他の事業に比して現に生産性が高い事業又は将来において高い生産性が見込まれる事業をいう。）の売上高又は総資産（以下「売上高等」という。）の当該事業者が行う全ての事業の売上高又は総資産の総額に対する割合が相当程度（３％pt以上）増加すると見込まれるもの。

出典：経済産業省「産業競争力強化法における事業再編計画の認定要件と支援措置について」

と異なり、既存の関係事業者等の株式等の買増しを含まない。そして、自社株式のみを対価とし（株式交付要件）、対価の額が余剰資金の額を上回ること（余剰資金要件）が必要とされている。

ただし、対価として交付するＰ社株式に端数が出た場合に、端数相当の金銭を交付することは、株式交付要件に抵触しない。また、Ｐ社が、一段階目で自社株式を対価としてＳ社を関係事業者化し、その後に二段階目で金銭を対価としてＳ社を100％子会社化するという二段階型取引については、基本的に、一段階目の株対価 M&A について特別事業再編計画の認定を受けることが可能であり、税法特例を受けることができる[7]。二段階型取引は、Ｓ社が上場企業の場合に、米国証券

法上の開示規制（いわゆるForm F-4問題）への対応策にもなると考えられる（詳細は後記**2**(9)③参照）。

(4) 株式交付制度

「株式交付」とは、株式会社（株式交付親会社。P社）が他の株式会社（株式交付子会社。S社）をその子会社[8]とするために当該他の株式会社の株式を譲り受け、当該株式の譲渡人に対して当該株式の対価として当該株式会社の株式を交付することをいう（会社法改正案2条32号の2）。

産競法型と異なり、P社、S社は共に日本法上の株式会社に限られる。また、P社がS社を子会社とする場合に適用が限定されており、既存の子会社株式の買増しは対象外とされている。株式交付をする場合、P社は、株式交付計画を作成し、P社が株式交付に際して譲り受けるS社株式の数の下限、P社がS社株式の譲渡人に対して、対価として交付するP社株式の数又はその数の算定方法、効力発生日[9]等を定める必要があるが（会社法改正案774条の2、774条の3第1項）、現物出資型と異なり、出資財産（S社株式）の「価額」を定める必要はない（会社法199条1項3号参照）。

P社は、所定の事項を記載した目論見書（金融商品取引法2条10項）を交付している場合等を除き、S社株式の譲渡しの申込みをしよ

7 安藤＝中山＝松尾＝武井・前掲（注3）〔安藤発言〕、棠天＝大草・前掲（注3）22頁。
8 法務省令で、議決権を50％超所有する場合に限ることが想定されている（会社法制（企業統治等関係）の見直しに関する要綱第3部第2の1（注2））
9 なお、P社は当初の効力発生日から3ヶ月以内の範囲で効力発生日を変更することができ、同時に、S社株主からの譲渡申込期限も変更することができる（会社法改正案816条の9）。

うとする者に対して、株式交付計画の内容等の通知を行い（会社法改正案774条の4第1項、第4項）、S社株式の譲渡しの申込みをする者は、譲り渡そうとするS社株式の数等を記載した書面をP社に交付する（会社法改正案774条の4第2項）。そして、P社は、S社株式の譲渡しの申込みをした者に対して割当てを行う（会社法改正案774条の5。ただし、P社が株式交付に際して譲り受けるS社株式の総数の譲渡しを行う契約をP社とS社株主との間で締結する場合には、通知・申込み・割当ての手続は不要である。会社法改正案774条の6）。

P社には、事前・事後の書類備置が求められ（会社法改正案816条の2、816条の10）、P社は、効力発生日の前日までに、株主総会の特別決議により株式交付計画の承認を受けることが原則として必要である（会社法改正案816条の3第1項）。また、P社株主は、株式買取請求や（会社法改正案816条の6）、株式交付をやめることの請求をすることができる（会社法改正案816条の5本文）。ただし、簡易要件を満たす場合、P社の株主総会特別決議は不要で、P社株主の株式買取請求権や差止請求権も発生しない（会社法改正案816条の4第1項本文、816条の5但書き、816条の6第1項但書き）。

S社株主に対する交付対価にP社株式以外の金銭等（P社株式に準ずるものとして法務省令で定めるものを除く）が含まれる場合、P社は債権者保護手続をとらなければならない（会社法改正案816条の8）。

P社は、株式交付計画で定めた効力発生日に、S社株式を譲り受け（会社法改正案774条の11第1項）、S社株式の譲渡人はP社株主となる（同条2項）が、譲り受けたS社株式の数が株式交付計画で定めた下限に満たない場合には、株式交付の効力は発生しない（同条5項3号）。

なお、株式交付において、Ｐ社はＳ社株式をＳ社株主から個別に譲り受けるものであり、譲渡の申込みをするか否かは個々の株主の判断に委ねられるため、Ｓ社の株主総会決議等は必要とされない。

2　株対価 M&A の金商法上の論点

国内の上場会社であるＰ社が自社株式を対価とする公開買付けにより有価証券報告書提出会社であるＳ社の株式の取得を行う場合には、通常、Ｓ社株式の取得に関して公開買付規制が適用され、Ｐ社株式の交付に関して発行開示規制が適用される。株対価の公開買付け（以下「株対価公開買付け」という。）を産競法の認定を受けて行う場合の手続フローと論点の関係は**図表 8** のとおりである。株対価公開買付けを株式交付制度により行う場合も基本的に同様の点が論点になると考えられる。ただし、会社法上株式交付を行うために必要な手続との関係で、追加の検討が必要になる場合がある。

金融商品取引法（以下「金商法」という。）との関係では、（ｉ）Ｐ社株式の発行に関する規制、（ii）Ｓ社株式の公開買付けに関する規制、（iii）その他の規制に大別できる。（ｉ）としては、公開買付応募契約の締結の「有価証券の募集」該当性（**図表 8** の①）、Ｐ社株式の発行手続や条件に変更があった場合の開示（**図表 8** の③④⑤）、公開買付代理人の目論見書交付責任の有無（**図表 8** の⑦）が問題となる。（ii）としては、資金証明に必要な手続とスケジュールに与える影響（**図表 8** の②）、公開買付期間の延長に対応した払込日の設定（**図表 8** の⑥）、Ｐ社株式の振替手続（**図表 8** の⑧）が問題となる。（iii）としては、Ｐ

図表 8　産競法型株対価公開買付けの手続フローと論点の関係

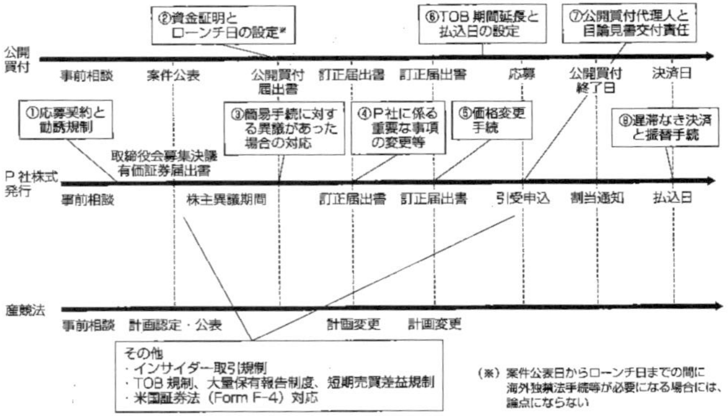

出典：筆者作成

社に重要事実が発生した場合のインサイダー取引規制、Ｓ社株主に対する公開買付規制等の適用、米国証券法（Form F‐4）対応等が問題となる。以下では、（ｉ）及び（ii）について、時系列に沿って論点を解説することとし、最後に（iii）について述べる。

(1)　応募契約と届出前勧誘規制

①　届出前勧誘規制

株対価 M&A がＰ社株式について「有価証券の募集」に該当する場合、有価証券届出書を提出する必要があり、有価証券届出書の提出前に取得勧誘を行うことはできない（金商法４条１項。ただし免除事由に該当する場合を除く）[10]。そのため、株対価 M&A を公開買付けの方法により行う場合、公開買付届出書と同時に（又は公開買付届出書の提出前に[11]）有価証券届出書を提出する必要がある（金商法27条の

4第1項)。

金銭対価の公開買付けでは、公開買付けの成立を確実にする等の目的で、公開買付開始前に大株主と公開買付者との間で公開買付けへの応募契約が締結されることがあるが、株対価公開買付けにおいて、有価証券届出書提出前にP社がS社の大株主と応募契約を交渉・締結することが、届出前勧誘禁止規制(金商法4条1項)に抵触するかが問題となる。

② 企業内容等開示ガイドラインにおける整理

金融庁企画市場局「企業内容等の開示に関する留意事項について(企業内容等開示ガイドライン)」(以下「企業内容等開示ガイドライン」という。)上、「第三者割当(開示府令第19条第2項第1号ヲに規定する第三者割当をいう。…)を行う場合であって、割当予定先が限定され、当該割当予定先から当該第三者割当に係る有価証券が直ちに転売されるおそれが少ない場合(例えば、資本提携を行う場合、親会社が子会社株式を引き受ける場合等)に該当するときにおける、割当予定先を選定し、又は当該割当予定先の概況を把握することを目的とした届出前の割当予定先に対する調査、当該第三者割当の内容等に関

10 たとえば、非上場会社が株対価M&Aを相対取引で行う場合、有価証券の私募(金商法2条3項2号)として有価証券届出書提出義務を負わないケースも考えられる。また、有価証券の募集に該当する場合であっても、発行価額が1億円未満である場合は、有価証券届出書の提出は不要となるが、有価証券通知書の提出が必要となる場合もある(金商法4条1項6項)。なお、組織再編の場合と異なり、P社株式に関して既に開示が行われている場合やS社に関して開示が行われている場合に該当しない場合であっても、有価証券届出書の提出義務が免除されない点に留意が必要である(金商法4条1項2号参照)。

11 谷口義幸＝有吉尚哉「有価証券対価公開買付けの開示書類の記載事項見直しに係る開示府令改正」旬刊商事法務1939号(2011)110頁注4。

する割当予定先との協議その他これに類する行為」は、有価証券の取得勧誘又は売付け勧誘等に該当しないことが示されている(企業内容等開示ガイドラインB2-12①)。そして、「開示府令第19条第2項第1号ヲに規定する第三者割当」とは、「株式…を特定の者に割り当てる方法(会社法第202条第1項の規定による株式の割当て…による方法(…)並びに次の(1)から(3)までに掲げる方法を除く。…)」をいう(企業内容等の開示に関する内閣府令(以下「開示府令」という。)19条2項1号ヲ)。

そのため、企業内容等開示ガイドラインB2-12①にしたがって届出前に応募契約を交渉・締結することが許されないかが問題となり得るが、金融庁のパブリックコメントへの回答[12]では、「自社の株式をもって対価とする公開買付けにおいては、公開買付けに応募した対象会社の株主に対して株式を割り当てることになり、株式を『特定の者に割り当てる方法』(開示府令19条2項1号ヲ)には該当しないため、」基本的に「第三者割当」には該当しない旨回答されている[13]。

また、金融庁のパブリックコメントへの回答[14]では、企業内容等開示ガイドラインB2-12①について、「自社株対価TOBにおいても、有価証券届出書提出前に買付者が対象者の大株主と応募契約を締結することが、届出前の『勧誘』を禁止する規制には該当しないという類似

12 平成23年8月5日付け金融庁「『企業内容等の開示に関する内閣府令の一部を改正する内閣府令(案)』等に対するパブリックコメントの概要及びそれに対する金融庁の考え方」No.1。

13 ただし、当該パブリックコメント回答は、第三者割当に係る開示規制の適用に関する質問への回答であり、企業内容等開示ガイドラインB2-12①の適用に関して述べたものではない点に留意が必要である。

14 平成23年8月5日付け金融庁「『企業内容等の開示に関する内閣府令の一部を改正する内閣府令(案)』等に対するパブリックコメントの概要及びそれに対する金融庁の考え方」No.6。

の例外規定を定めてほしい。」というコメントに対して、「有価証券をもって対価とする公開買付けにおいては、募集又は売出しの対象となる有価証券の割当予定先が限定されることにならないことから、勧誘規制の適用関係について第三者割当と同様の整理をすることはできないと考えられます。いずれにせよ『勧誘』に該当するか否かは、個別事案ごとに判断する必要があると考えられます。」と回答されている。

したがって、株対価公開買付けにおける株式の割当てについて、企業内容等開示ガイドライン B2-12①を直接適用することはできないと思われる。

③ 第三者割当てに準じた整理

もっとも、届出前勧誘禁止の趣旨は、投資家が高い販売圧力の下で投資に必要な情報を取得できないまま投資判断を余儀なくされるという事態を防止するために、有価証券届出書の公衆縦覧によって投資判断に必要な重要な情報が完全に開示されるまで勧誘行為を認めないことにある。この点、通常の第三者割当の割当予定先は、相当の交渉力を有し、必要に応じて投資判断に必要な発行情報や会社情報を収集することが可能であるため、届出前勧誘禁止による保護の必要性は乏しいといえる[15]。そして、株対価公開買付けにおけるS社の大株主についても、相当の交渉力を有している点については、通常の第三者割当の割当予定先と異なるところがない。このように、株対価公開買付けにおけるS社大株主との協議は、企業内容等開示ガイドライン B2-12①に似た状況にあるといえるため、企業内容等開示ガイドライン

15 神崎克郎＝志谷匡史＝川口恭弘『金融商品取引法』（青林書院、2012）317頁以下、本柳祐介＝大場悠樹「並行第三者割当の法的論点と実務」旬刊商事法務2024号（2014年）37頁、金融法委員会「金融商品取引法の開示規制上の『勧誘』の解釈を巡る現状と課題」（2010年6月21日）31頁参照。

B2-12①に準じて考えることも可能であるように思われる。

(2) 株対価公開買付けを行う場合の資金証明とローンチ日の設定

① 資金証明の要件

公開買付届出書には「公開買付けに要する資金（有価証券等をもって買付け等の対価とする場合には、当該有価証券等）の存在を示すに足る書面」を添付する必要がある（金商法27条の3第2項、発行者以外の者による株券等の公開買付けの開示に関する内閣府令（以下「他社株買付府令」という。）13条1項7号）。

そして、「有価証券等…の存在を示すに足る書面」は、決済に要する有価証券等の調達が可能であることを相当程度の確度をもって裏付けるものでなくてはならず、①株式の発行又は自己株式の処分について株主総会決議が必要であるときは、通常、株主総会議事録の写し（株式の発行又は自己株式の処分に係る決議事項を内容とする部分に限る。）、②株式の発行又は自己株式の処分について株主総会決議が不要であるときは、通常、取締役会議事録の写し（株式の発行又は自己株式の処分に係る決議事項を内容とする部分に限る。）のほか、株主総会が不要であることを確認することができる書面の添付が必要とされている[16]。

② 産競法型株対価公開買付けを行う場合の資金証明

産競法の認定を受けて株対価公開買付けを行う場合（以下「産競法型株対価公開買付け」という。）、原則としてP社において株主総会の

16 金融庁「株券等の公開買付けに関するQ&A」問42。

特別決議が必要である（産競法32条２項による会社法201条１項適用除外）。ただし、交付されるＰ社株の数に１株当たり純資産額（産競法施行規則28条）を乗じた額が、Ｐ社の純資産額として産競法施行規則29条で定める方法により算定される額の20％以内の場合（以下「簡易要件」という。）には、取締役会決議で足りる（産競法32条３項による会社法796条２項読替準用。以下「簡易手続」という。）。簡易手続による場合には、いわゆる簡易株式交換の場合と同様、産競法施行規則30条で定める数の株式（会社法199条２項の株主総会において議決権を行使することができるものに限る）を有する株主が、株主への通知又は公告の日から２週間以内に反対する旨を通知したときは（以下「株主異議通知」という。）、Ｓ社株式の給付の期日又は給付期間の初日の前日までに、Ｐ社は株主総会決議を得る必要がある[17]。

そのため、産競法型株対価公開買付けが簡易要件を満たさず、株主総会決議が必要である場合には、公開買付届出書に株主総会議事録の写しを添付することになる。一方、簡易手続による場合には、通常、公開買付届出書の添付書類として、取締役会議事録の写しに加え、「株主総会が不要であることを確認することができる書面」として、（i）簡易要件を満たす新株発行又は自己株処分であり、かつ、（ii）株主総会決議が必要となる数の株主異議通知を受けていないことを証する公開買付者代表者名義の書面が必要となる[18]。

③　産競法型株対価公開買付けのスケジュールと資金証明

簡易要件を満たす産競法型株対価公開買付けの場合、上記のとおり、株主総会決議が必要となる数の株主異議通知を受けていないことを証

17　産競法32条３項による会社法796条３項、797条３項・４項読替準用。
18　金融庁「株券等の公開買付けに関する Q&A」問42。

図表９　簡易要件を満たす産競法型株対価公開買付けの日程

X（認定計画公表日）	取締役会募集決議、有価証券届出書提出、適時開示
X＋1	株主宛の通知・公告
X＋1＋2週間	株主異議期間満了
Y	公開買付開始公告、公開買付届出書提出

出典：筆者作成

する公開買付者代表者名義の書面を公開買付届出書に添付することが必要であるため、株主異議通知期間である２週間の経過を待って公開買付けを開始することになる。その場合、通常は、**図表９**のような日程になると考えられる。

従前から、各国の競争法当局のクリアランスの取得が必要な M&A では、案件公表日から公開買付けのローンチ日までの間に待機期間が必要であった。産競法型株対価公開買付けもローンチ日までの待機期間が必要な類型の一つとなるだろう。

(3)　簡易手続に対する異議があった場合の対応

簡易手続に対する株主異議通知があった場合、Ｐ社には取引を中止するか、株主総会を開催するかの選択肢がある。取引を中止する場合、Ｐ社は、提出済みの有価証券届出書を取り下げ、適時開示を行うことになると考えられる。

一方、株主総会を開催する場合には、Ｐ社は、提出済みの有価証券届出書及び適時開示の訂正のほか、株主総会招集手続を行うことになる。スケジュールの変更可能性があらかじめ想定されるため、当初提出する有価証券届出書及び適時開示でも株主総会の開催可能性に言及することが適切であると考えられる。この点、支配株主の異動を伴う

第三者割当を行う場合に、実務上、有価証券届出書及び適時開示において「会社法第206条の2第4項の定めにより、総株主（株主総会において議決権を行使することができない株主を除く。）の議決権の10分の1以上を有する株主から、当社に対して本第三者割当増資に反対する旨の通知がなされた場合、払込期日を、平成〇年〇月〇日とする。」といった記載がなされており、同様の開示をするべきと考えられる。

(4)　P社に係る重要な事項の変更等

①　P社株式の価値の変動と開示

株対価公開買付けでは、P社の状況により対価となるP社株式の価値が変動する。そこで、公開買付期間中にP社について重要な事項の変更等があった場合には、有価証券届出書や公開買付届出書の訂正が必要となる場合がある。

②　有価証券届出書

有価証券届出書の効力発生日前までに、届出書類に記載すべき重要な事項の変更等があるときは、P社は、訂正届出書を提出しなければならない（金商法7条1項前段、開示府令11条）。また、有価証券届出書の効力発生前後を問わず、届出者が訂正を必要とするものがあると認めたときも、訂正届出書を提出しなければならない（金商法7条1項後段）。訂正事由は、企業内容等開示ガイドラインに例示されている（企業内容等開示ガイドラインB7-1、7-3、7-6、7-7）。

③　公開買付届出書

公開買付期間中に、買付条件等の変更その他の公開買付届出書に記載すべき重要な事項の変更等があるときは、P社は公開買付届出書の

訂正届出書を提出しなければならない（金商法27条の8第2項、他社株買付府令21条3項）。

公開買付届出書におけるP社に関する記載事項（他社株買付府令第2号様式第1【公開買付要項】9【買付け等の対価とする有価証券の発行者の状況】及び第2【公開買付者の状況】）は有価証券届出書の記載事項とは異なり、有価証券届出書の訂正届出書の提出が必要となるケースであっても、直ちに公開買付届出書の訂正が必要となるわけではないと考えられる。例えば、P社が公開買付期間中に四半期報告書を提出した場合も、必ずしも公開買付届出書の訂正届出書を提出しなければならないわけではないとされている[19]。

④　有価証券届出書の訂正届出書の提出と公開買付期間

公開買付届出書の訂正届出書を提出した場合は、原則として当該提出日から起算して10営業日経過した日まで公開買付期間が延長される（金商法27条の8第8項、他社株買付府令22条2項）が、有価証券届出書の訂正届出書を提出しても公開買付期間は延長されない。

もっとも、有価証券届出書の訂正届出書を提出するケースにおいては、公開買付届出書の「買付等の価格」の「算定の基礎」「算定の経緯」等の記載に関してもアップデートすることが適切な場合も少なくないと思われ、その場合、公開買付届出書の訂正届出書の提出により公開買付期間が延長されることになろう。

19　金融庁「株券等の公開買付けに関するQ&A」問2。

(5) 価格（交換比率）変更に必要な手続

① 必要な手続

株対価公開買付けの価格（交換比率）を変更する場合、会社法上、再度の募集決議が必要となり得るほか、有価証券届出書の訂正届出書の提出や公開買付届出書の訂正届出書の提出[20]、公開買付開始公告の訂正、再度の適時開示が必要になると考えられる。

産競法型株対価公開買付けの場合には、認定された事業再編計画又は特別事業再編計画の変更の申請（対価の相当性に関する事項を記載した書類の再提出を含む。）を行い、計画変更の認定を得ることも必要になると考えられる（産競法24条、26条、産競法施行規則31条）。

② 産競法型株対価公開買付けにおける公開買付届出書の訂正届出書の提出時期

産競法型株対価公開買付けの場合、**前記**(2)のとおり、公開買付届出書には、添付書面として、①簡易要件を満たさない場合は、株主総会議事録の写し、②簡易要件を満たす場合は、取締役会議事録の写し及び株主総会決議が必要となる株主異議通知を受けていないこと等を証する書面が必要とされている。公開買付届出書の訂正届出書にも同様の添付書類が必要だとすれば、（簡易要件を満たす場合）交換比率引上げに係る取締役会決議後２週間の株主異議通知期間を置いてから、公開買付届出書の訂正届出書を提出することになる（その上で、公開買付期間を最大10営業日延長する必要がある）。

交換比率の引上げではなく、金銭対価を追加する場合には、２週間

20 変更内容によっては、有価証券届出書及び公開買付届出書の取下げ及び再提出も必要となり得る。

の経過を待たずに公開買付届出書の訂正届出書の提出が可能と考えられる（その上で公開買付期間を最大10営業日延長する）。もっとも、混合対価となった場合には、**前記１**(3)のとおり、Ｓ社株主の課税が繰り延べられる「特別事業再編計画」の認定要件を満たさなくなるため、課税繰延べを取引の前提としている場合には、かかるアレンジの利用は困難である。

③ 産競法型株対価公開買付けにおける再度の募集決議

産競法型株対価公開買付けにおいて交換比率を引き上げる場合、引上げ後も簡易要件に該当する場合には取締役会決議を行い、それ以外の場合は株主総会の特別決議を行うことになる。

④ 現物出資型株対価公開買付けにおける再度の募集決議

産競法の認定を受けず、会社法上の現物出資規制に従って株対価公開買付けを行う場合（以下「現物出資型の株対価公開買付け」という。）において、株主総会決議により募集株式の数の上限および払込金額の下限を定めて募集事項の決定を取締役会に委任していた場合

図表 10　価格変更に必要な手続（下線部は日数が必要なもの）

現金上乗せ型	交換比率変更型		
	取締役会決議型	有利発行決議型	産競法型（簡易）
取締役会決議 公開買付届出書の訂正届出書提出 公開買付期間最大10営業日延長	取締役会決議 有価証券届出書の訂正届出書提出 公開買付届出書の訂正届出書提出 公開買付期間を最大10営業日延長 決済日は有価証券届出書の訂正届出書提出から２週間後	左記取締役会決議型と同じ手続に加えて 株主総会招集手続 株主総会決議 有価証券届出書の訂正届出書提出 公開買付届出書の訂正届出書提出 公開買付期間最大10営業日延長	計画変更手続 取締役会決議 有価証券届出書の訂正届出書提出 株主異議期間２週間 公開買付届出書の訂正届出書提出 公開買付期間最大10営業日延長

出典：筆者作成

（会社法200条）、その範囲内で取締役会決議により交換比率の引上げ（払込金額の引下げ）を行うことができる。例えば、株主総会決議により払込金額の下限をＰ社株１株につきＳ社株１株（100円）と定めて募集事項の決定を取締役会に委任した場合、当初の払込金額を取締役会決議によりＰ社株１株につきＳ社株２株（200円）（Ｓ社株１株あたりの買付価格としてＰ社株0.5株）とし、公開買付期間中に、取締役会決議限りで、Ｐ社株１株につきＳ社株１株（100円）に変更すること等が可能である。ただし、株主総会決議により払込金額の下限を定める場合は、Ｐ社に交換比率引上げの用意があることが明らかになってしまうという難点がある。

現物出資型の株対価公開買付けにおいて、当初の払込金額（Ｐ社株１株と交換に応募するＳ社株の価格）は特に有利な金額ではないとして取締役会決議により決定したが、交換比率引上げ（払込金額引下げ）後の払込金額は特に有利な金額にあたる場合には、株主総会招集手続が必要になる。

(6) 公開買付期間の延長と払込日の設定

産競法型株対価公開買付けを行う場合、会社法上、株式の発行に際しては、募集事項における払込期日又は払込期間として、Ｓ社株式の給付の期日又はその期間を定める必要がある（会社法199条１項４号）。また、Ｐ社株式の割当通知は当該期日又は当該期間の初日の前日までに行う必要がある（会社法204条３項）。

しかし、公開買付期間の延長が必要となった場合に、募集事項の決定をやり直すのは実務的に負担が大きい。また、決済日を有価証券届出書の訂正届出書の提出から２週間以上後に設定する必要がないかも

問題となる（会社法201条５項、金商法８条３項）。

そのため、公開買付期間の延長に対応するための工夫として、公募による株式発行の際の価格決定日及び払込期日の定め方を参考として、給付の期日を「○年○月○日から○年○月○日までの間のいずれかの日。ただし、公開買付期間末日の○営業日後の日とする。」という定め方を行うことが考えられる。

(7) 公開買付代理人と目論見書交付責任

株対価公開買付けにおいては、公開買付代理人は、Ｐ社株式の発行等に関する事務として、Ｓ社応募株主に対する目論見書の交付、Ｓ社応募株主からの株式申込書の回収、Ｓ社応募株主に対する割当通知書の交付等を行うことが想定される。そのため、公開買付代理人がＰ社株式を「募集…により取得させ」たとして目論見書の交付義務を負ったり（金商法15条２項本文）、「目論見書…を使用して有価証券を取得させた」として目論見書の使用者責任（金商法17条）を負うことにならないかが問題となりうる。

「有価証券の募集」とは、特定の有価証券についての投資者の関心を高め、その需要を喚起することとなる行為をいうと解釈されている[21]。そのため、公開買付代理人が事務手続のみを行い、Ｐ社株式についての投資者の関心を高め、その需要を喚起することとなる行為を行わないのであれば、これらの責任を負わないと考えられる[22]。

金商法上、「応募株券等（…）の保管及び返還」、「買付け等の代金の支払（有価証券その他金銭以外のものをもって買付け等の対価とする

21　神崎他・前掲注（15）317頁参照。

場合における当該有価証券その他金銭以外のものの引渡しを含む。)」、「あん分比例方式（…）により買付け等を行う株券等の数を確定させる事務」は、「事務」として、第一種金融商品取引業者又は銀行等に行わせることとされており（金商法27条の２第４項、同法施行令８条４項）、株対価公開買付けにおける公開買付代理人の役割がかかる「事務」と同様のものになるのであれば[23]、目論見書に関する責任は生じないと考えられる。

(8) 振替手続と遅滞なき決済

① Ｐ社株式の振替手続

Ｐ社が、公開買付けに応募したＳ社株主に対し、対価としてＰ社株式を交付する手続については、以下のとおり考えられる。

まず、産競法型株対価公開買付けにおいてＰ社が新株を発行する場合、Ｐ社は、募集事項を決議後、速やかに、決定事項等を振替機関に対して通知する（株式等の振替に関する業務規程（以下「業務規程」という。）12条、株式等の振替に関する業務規程施行規則６条・同別表１、株式振替制度に係る業務処理要領（2019年７月、第5.5版）別紙

22 この点に関し、東京地裁平成17年10月25日判決民集62巻２号393頁は、某英国法人グループのグレナダ法人が発行する外国投資証券を、同グループの日本法人の代表者らが提示した虚偽記載を含む目論見書に基づき購入したとして損害賠償を求めた事案において、有価証券の取得者の「求めに応じて情報を提供したり、書面を作成していたに過ぎないこと」を理由の１つとして目論見書使用者責任を否定している。

23 なお、金銭を対価とする公開買付けの場合に実務上締結されている「公開買付代理契約」には、金商法27条の２第４項及び同法施行令８条４項の「事務」以外の業務の委託も含まれている場合も多い。そのような場合に必ず目論見書の交付責任を負うというものではなく、個別の実質判断が必要であると考えられる。

１－２－１)。Ｓ社株主の側では、Ｐ社株式を新規記録する口座をＰ社に通知する（社債、株式等の振替に関する法律（以下「振替法」という。）150条４項)。そして、通知を受けたＰ社は振替機関に新規記録通知事項を通知し、振替機関が公開買付代理人である口座管理機関に当該新規記録通知事項を通知し、公開買付代理人である口座管理機関がＳ社株主の口座にＰ社株式の増加の記録を行うことになると考えられる（振替法130条、業務規程51条)。一方、Ｐ社が自己株を処分する場合には、Ｐ社が公開買付代理人である口座管理機関に開設した口座から、同じく公開買付代理人である口座管理機関に開設されたＳ社株主の口座へＰ社株式の振替が行われると考えられる（振替法140条)。なお、Ｓ社株主に交付すべきＰ社株式の数に１に満たない端数が生じる場合には、Ｐ社は、整数部分について振替あるいは新規記録の通知の手続を行うとともに、端数部分に相当する金銭をＳ社株主に交付することになると考えられる。

② 「遅滞なく」の解釈

公開買付けの決済は、買付期間終了後「遅滞なく」行うことが必要である（金商法27条の２第５項、同法施行令８条５項２号)。

産競法型株対価公開買付けの場合、Ｐ社（の株主名簿管理人）は、Ｓ社の各応募株主（Ｐ社株式の割当先）の新規記録通知事項を、振替機関を通じて、証券会社（公開買付代理人）に通知し、当該証券会社がＳ社の各応募株主につきＰ社株式増加の記録を行う必要があり（**図表11**の①～④)、応募株主１人１人のデータを記録していく必要があるが、システム面のインフラが整備されるまでは、金銭対価の公開買付けと比べて決済に時間がかかることが想定されるようである。

「遅滞なく」とは、時間的即時性は求められるものの、正当な、ある

図表 11　P 社株式の振替手続

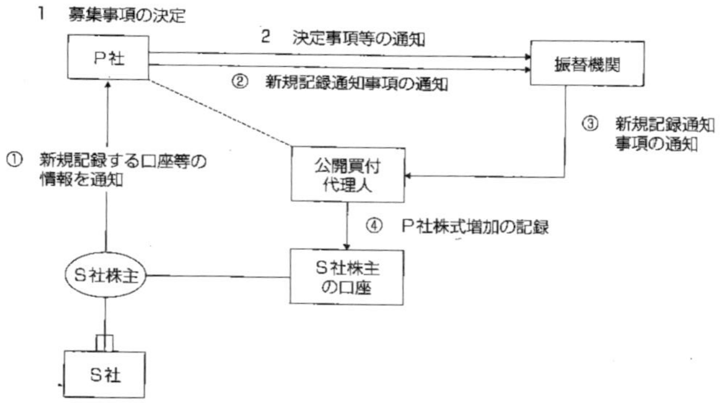

出典：武井一浩＝松尾拓也＝森田多恵子＝田端公美『株対価 M&A の実務』（商事法務、2019）

いは合理的な理由に基づく遅れは許されるものと解されており、「具体的事情に応じて、事情の許す限りすぐに」というニュアンスであるとされる[24]。

そのため、インフラの整備が未了のため決済に時間がかかる分には、法的には「遅滞なく」の要件には反しないと解するべきである。もっとも、決済の遅れは公開買付けに応募する投資家のリスクとなるため、その観点からの検討が重要となる。

③　端数処理を行う場合

なお、S 社株主に交付する P 社株式に端数が出た場合、会社法234条の規定に従い競売等の方法により端数処理を行うことができるほか（産競法32条 3 項）、差金決済の方法によることも考えられる（金融商

24　衆議院法制局法制執務研究会「条文の読み方」法学教室348号（2009）4 頁。

品取引法施行令 8 条 2 項）。前者の方法による場合は端数の交付を「遅滞なく」行えば足りる。一方、後者の方法による場合には、金銭の交付を「遅滞なく」行う必要がある[25]。

(9)　その他の金商法上の論点

①　P 社に重要事実が発生した場合のインサイダー取引規制

株対価公開買付けにおいて、P 社が新株発行を行う場合は「売買等」（金商法166条 1 項）に該当せず、インサイダー取引規制は適用されないが、P 社が自己株処分を行う場合は、「売買等」に該当するため、インサイダー取引規制が適用される。

P 社が自己株処分を行う場合において、株対価公開買付け開始前に P 社の重要事実が発生したときは、P 社は、重要事実公表まで公開買付け開始を遅らせる対応を取ることになろう。株対価公開買付け開始後に P 社の重要事実が発生したときには、P 社の株対価公開買付けの実施について重要事実の発生前に決定しているという取引の経緯に照らすと、P 社による自己株処分は、重要事実等を知ったことと無関係に行われるものであることが明らかであるため、P 社がインサイダー取引規制に抵触することにはならないと解される[26]。

一方、P 社が自己株処分を行う場合において、S 社の応募株主が P 社の重要事実を知って応募する場合、いわゆるクロクロ取引の適用除外（金商法166条 6 項 7 号）など、インサイダー規制の適用除外規定について検討する必要がある。S 社株主が応募した後に P 社の重要事

25　金融庁「株券等の公開買付けに関する Q&A」問44。
26　越智・前掲注（3）17頁脚注36。金融庁＝証券取引等監視委員会「インサイダー取引規制に関する Q&A」応用編（問 3）参照。

実を知った場合は、Ｓ社株主の応募が、Ｓ社株主が重要事実を知る前に決定されているという取引の経緯に照らし、重要事実等を知ったことと無関係に行われるものであることが明らかであるため、Ｓ社の応募株主がインサイダー取引規制に抵触することにはならないと解される[27]。

② Ｓ社応募株主に対する公開買付規制、大量保有報告規制、短期売買規制

Ｓ社応募株主がＰ社の主要株主である場合、Ｓ社株主に対する公開買付規制・大量保有報告規制・短期売買規制の適用が問題になり得る。

Ｐ社がＳ社応募株主に対して自己株処分を行う場合、Ｓ社応募株主によるＰ社株式の取得は「買付け等」（金商法27条の２第１項）に該当すると考えられるため、当該株主は公開買付規制の適用を受け得る。

したがって、Ｓ社株主の応募の結果、Ｐ社における株券等所有割合が１/３を超える場合等には、適用除外事由に該当しない限り、Ｓ社応募株主自身も公開買付けを行わずにＰ社株式を取得することはできなくなるため、Ｐ社による株対価公開買付けに応じることも困難となる。

Ｓ社株主の応募の結果、Ｐ社における株券等保有割合が５％を超えた場合には、大量保有報告書を提出しなければならない（金商法27条の23）。また、既にＳ社応募株主が大量保有者である場合で、応募の結果、株券等保有割合が１％以上変動するときには、変更報告書を提出しなければならない（金商法27条の25）。

さらに、Ｓ社応募株主がＰ社の主要株主（議決権の10％以上）に該

27 越智・前掲注（３）17頁脚注36。金融庁＝証券取引等監視委員会「インサイダー取引規制に関するQ&A」応用編（問３）参照。

当する場合、売買報告書を提出しなければならない（金商法163条）。また、公開買付けの決済から６ヶ月以内にＰ社株式の売買を行っていた場合には、Ｐ社（又はＰ社株主）から利益返還請求を受ける可能性がある（金商法164条）。

③ 米国証券法（Form F-４）対応

海外民間発行体[28]に該当するＰ社が日本企業Ｓ社と組織再編を行う場合、通常、Ｓ社株主全員に対してＰ社株式を交付するため、Ｓ社の米国株主が10％を超える等の場合に、Form F-４の登録義務を課される。

もっとも、株対価公開買付け＋キャッシュアウトの二段階取引を行う場合には、Form F-４登録を行う必要がない。具体的には、一段階目の株対価公開買付けを行う際に、公開買付開始公告等に「当該公開買付けが米国内において又は米国に向けて行われるものではなく、また米国の郵便その他一定の方法・手段を利用して行われるものではない」、「外国株主は日本の常任代理人を通じて買付けに応じなければならない」等の制約を付すことで、米国内での勧誘や募集の実態が生じないように対処し、米国株主には二段階目で金銭を交付することが考えられる。なお、二段階取引を行う場合も、株式交付要件を充たして、特別事業再編計画の認定を受けることが可能である。

28 海外民間発行体（Foreign Private Issuer）とは、外国政府以外の海外発行体で、その直近に終了した第２会計四半期の最終営業日現在において以下に該当する者を除く全ての発行体を意味する。(i) その発行済議決権付証券の50％超が直接的又は間接的に米国居住者によって名簿上で保有されており、かつ、(ii) その役員若しくは取締役の過半数が米国国民若しくは米国居住者であること、その発行体の資産の50％超が米国内に存在すること、又は当該発行体の事業が主として米国において営まれていること。

3　終わりに

産競法改正及び会社法改正により、株対価 M&A は着実に新たな時代に入った。エクイティの持つインセンティブ効果は、会社関係者に多彩なメッセージを発する機能がある。株式報酬制度の改革も進行しているところであるが、M&A においても（金銭対価が手切れ金的なものになるのに対して）エクイティを活用することで統合後のシナジーがＳ社株主にも享受され、M&A 後の協働による企業価値向上が期待できオープンイノベーションを加速させるツールとなり得るなど、企業集団全体を活性化し成長力を増すことにつながり得る。株対価 M&A については本稿で言及したものの他にも実務上・解釈上の論点が存在するが、実務現場における前向きな創意工夫等を経て、株対価 M&A が積極的に活用されることを期待したい。

第12章

経済産業省の 2つの指針について

学習院大学大学院法務研究科　教授
神田　秀樹

大学人間社会研究域法学系講師。主要な業績として、「会社法106条ただし書に基づく共有に属する株式の議決権行使」法協133巻8号1293頁（2016年）、「公開買付けの差止め」資本市場研究会編『企業法制の将来展望（2019年度版）』119頁（財経詳報社、2018年）がある。

企業法制の将来展望—資本市場制度の改革への提言—
2020年度版

平成24年12月10日　初版発行©
令和元年12月25日　2020年度版発行

編　集　公益財団法人　資本市場研究会
発行人　日出島　恒夫

発行所　公益財団法人　資本市場研究会
〒103-0025　東京都中央区日本橋茅場町2-8-4
電話　03-3667-3514（代表）
FAX　03-3669-1765
http://www.camri.or.jp
E-mail：camri@camri.or.jp
発　売　株式会社　財経詳報社
〒103-0013　東京都中央区日本橋人形町1-7-10
電話　03-3661-5266
FAX　03-3661-5268

落丁・乱丁本はお取り替えいたします。　印刷・製本　創栄図書印刷
2019 Printed in Japan

ISBN 978-4-88177-773-2

金融商品取引法研究会名簿

（令和２年２月10日現在）

会　　長	神　作　裕　之	東京大学大学院法学政治学研究科教授
会長代理	弥　永　真　生	筑波大学ビジネスサイエンス系 ビジネス科学研究科教授
委　　員	飯　田　秀　総	東京大学大学院 法学政治学研究科准教授
〃	大　崎　貞　和	野村総合研究所未来創発センターフェロー
〃	尾　崎　悠　一	首都大学東京大学院法学政治学研究科准教授
〃	加　藤　貴　仁	東京大学大学院法学政治学研究科教授
〃	河　村　賢　治	立教大学大学院法務研究科教授
〃	小　出　　　篤	学習院大学法学部教授
〃	後　藤　　　元	東京大学大学院法学政治学研究科教授
〃	武　井　一　浩	西村あさひ法律事務所パートナー弁護士
〃	中　東　正　文	名古屋大学大学院法学研究科教授
〃	藤　田　友　敬	東京大学大学院法学政治学研究科教授
〃	松　井　智　予	上智大学大学院法学研究科教授
〃	松　井　秀　征	立教大学法学部教授
〃	松　尾　健　一	大阪大学大学院高等司法研究科教授
〃	松　尾　直　彦	松尾国際法律事務所弁護士
〃	宮　下　　　央	ＴＭＩ総合法律事務所弁護士
オブザーバー	太田原　和　房	金融庁企画市場局市場課長
〃	岸　田　吉　史	野村ホールディングスグループ執行役員
〃	森　　　忠　之	大和証券グループ本社経営企画部担当部長兼法務課長
〃	森　　　正　孝	ＳＭＢＣ日興証券法務部長
〃	陶　山　健　二	みずほ証券法務部長
〃	窪　　　久　子	三菱ＵＦＪモルガン・スタンレー証券法務部長
〃	松　本　昌　男	日本証券業協会自主規制本部長
〃	島　村　昌　征	日本証券業協会執行役政策本部共同本部長
〃	内　田　直　樹	日本証券業協会自主規制本部自主規制企画部長
〃	塚　﨑　由　寛	日本取引所グループ総務部法務グループ課長
研 究 所	増　井　喜一郎	日本証券経済研究所理事長
〃	大　前　　　忠	日本証券経済研究所常務理事
〃	高　木　　　隆	日本証券経済研究所特別嘱託

（敬称略）

［参考］　既に公表した「金融商品取引法研究会（証券取引法研究会）研究記録」

第１号「裁判外紛争処理制度の構築と問題点」　2003年11月
報告者　森田章同志社大学教授

第２号「システム障害と損失補償問題」　2004年１月
報告者　山下友信東京大学教授

第３号「会社法の大改正と証券規制への影響」　2004年３月
報告者　前田雅弘京都大学教授

第４号「証券化の進展に伴う諸問題（倒産隔離の明確化等）」　2004年６月
報告者　浜田道代名古屋大学教授

第５号「EUにおける資本市場法の統合の動向
—投資商品、証券業務の範囲を中心として—」　2005年７月
報告者　神作裕之東京大学教授

第６号「近時の企業情報開示を巡る課題
—実効性確保の観点を中心に—」　2005年７月
報告者　山田剛志新潟大学助教授

第７号「プロ・アマ投資者の区分—金融商品・
販売方法等の変化に伴うリテール規制の再編—」　2005年９月
報告者　青木浩子千葉大学助教授

第８号「目論見書制度の改革」　2005年11月
報告者　黒沼悦郎早稲田大学教授

第９号「投資サービス法（仮称）について」　2005年11月
報告者　三井秀範金融庁総務企画局市場課長
松尾直彦金融庁総務企画局
投資サービス法（仮称）法令準備室長

第10号「委任状勧誘に関する実務上の諸問題
—委任状争奪戦（proxy fight）の文脈を中心に—」　2005年11月
報告者　太田洋 西村ときわ法律事務所パートナー・弁護士

第11号「集団投資スキームに関する規制について
—組合型ファンドを中心に—」　2005年12月
報告者　中村聡 森・濱田松本法律事務所パートナー・弁護士

第12号「証券仲介業」　2006年３月
報告者　川口恭弘同志社大学教授

第 13 号「敵対的買収に関する法規制」　2006 年 5 月
報告者　中東正文名古屋大学教授

第 14 号「証券アナリスト規制と強制情報開示・不公正取引規制」　2006 年 7 月
報告者　戸田暁京都大学助教授

第 15 号「新会社法のもとでの株式買取請求権制度」　2006 年 9 月
報告者　藤田友敬東京大学教授

第 16 号「証券取引法改正に係る政令等について」　2006年12月
（ＴＯＢ、大量保有報告関係、内部統制報告関係）
報告者　池田唯一　金融庁総務企画局企業開示課長

第 17 号「間接保有証券に関するユニドロア条約策定作業の状況」　2007 年 5 月
報告者　神田秀樹　東京大学大学院法学政治学研究科教授

第 18 号「金融商品取引法の政令・内閣府令について」　2007 年 6 月
報告者　三井秀範　金融庁総務企画局市場課長

第 19 号「特定投資家・一般投資家について―自主規制業務を中心に―」　2007 年 9 月
報告者　青木浩子　千葉大学大学院専門法務研究科教授

第 20 号「金融商品取引所について」　2007 年10月
報告者　前田雅弘　京都大学大学院法学研究科教授

第 21 号「不公正取引について－村上ファンド事件を中心に－」　2008 年 1 月
報告者　太田 洋 西村あさひ法律事務所パートナー・弁護士

第 22 号「大量保有報告制度」　2008 年 3 月
報告者　神作裕之　東京大学大学院法学政治学研究科教授

第 23 号「開示制度（Ⅰ）―企業再編成に係る開示制度および　2008 年 4 月
集団投資スキーム持分等の開示制度―」
報告者　川口恭弘 同志社大学大学院法学研究科教授

第 24 号「開示制度（Ⅱ）―確認書、内部統制報告書、四半期報告書―」　2008 年 7 月
報告者　戸田　暁　京都大学大学院法学研究科准教授

第 25 号「有価証券の範囲」　2008 年 7 月
報告者　藤田友敬　東京大学大学院法学政治学研究科教授

第 26 号「民事責任規定・エンフォースメント」　2008 年10月
報告者　近藤光男　神戸大学大学院法学研究科教授

第 27 号「金融機関による説明義務・適合性の原則と金融商品販売法」2009 年 1 月
報告者　山田剛志　新潟大学大学院実務法学研究科准教授

第 28 号「集団投資スキーム（ファンド）規制」　2009 年 3 月
報告者　中村聡 森・濱田松本法律事務所パートナー・弁護士

第29号「金融商品取引業の業規制」 2009年4月
報告者　黒沼悦郎　早稲田大学大学院法務研究科教授

第30号「公開買付け制度」 2009年7月
報告者　中東正文　名古屋大学大学院法学研究科教授

第31号「最近の金融商品取引法の改正について」 2011年3月
報告者　藤本拓資　金融庁総務企画局市場課長

第32号「金融商品取引業における利益相反 2011年6月
―利益相反管理体制の整備業務を中心として―」
報告者　神作裕之　東京大学大学院法学政治学研究科教授

第33号「顧客との個別の取引条件における特別の利益提供に関する問題」 2011年9月
報告者　青木浩子　千葉大学大学院専門法務研究科教授
松本譲治　ＳＭＢＣ日興証券　法務部長

第34号「ライツ・オファリングの円滑な利用に向けた制度整備と課題」 2011年11月
報告者　前田雅弘　京都大学大学院法学研究科教授

第35号「公開買付規制を巡る近時の諸問題」 2012年2月
報告者　太田 洋 西村あさひ法律事務所弁護士・NY州弁護士

第36号「格付会社への規制」 2012年6月
報告者　山田剛志　成城大学法学部教授

第37号「金商法第6章の不公正取引規制の体系」 2012年7月
報告者　松尾直彦　東京大学大学院法学政治学研究科客員
教授・西村あさひ法律事務所弁護士

第38号「キャッシュ・アウト法制」 2012年10月
報告者　中東正文　名古屋大学大学院法学研究科教授

第39号「デリバティブに関する規制」 2012年11月
報告者　神田秀樹　東京大学大学院法学政治学研究科教授

第40号「米国JOBS法による証券規制の変革」 2013年1月
報告者　中村聡 森・濱田松本法律事務所パートナー・弁護士

第41号「金融商品取引法の役員の責任と会社法の役員の責任 2013年3月
―虚偽記載をめぐる役員の責任を中心に―」
報告者　近藤光男　神戸大学大学院法学研究科教授

第42号「ドッド＝フランク法における信用リスクの保持ルールについて」 2013年4月
報告者　黒沼悦郎　早稲田大学大学院法務研究科教授

第43号「相場操縦の規制」 2013年8月
報告者　藤田友敬　東京大学大学院法学政治学研究科教授

第 44 号「法人関係情報」 2013年10月
報告者　川口恭弘　同志社大学大学院法学研究科教授
平田公一　日本証券業協会常務執行役

第 45 号「最近の金融商品取引法の改正について」 2014 年 6 月
報告者　藤本拓資　金融庁総務企画局企画課長

第 46 号「リテール顧客向けデリバティブ関連商品販売における民事責任 2014 年 9 月
—「新規な説明義務」を中心として—」
報告者　青木浩子　千葉大学大学院専門法務研究科教授

第 47 号「投資者保護基金制度」 2014 年10月
報告者　神田秀樹　東京大学大学院法学政治学研究科教授

第 48 号「市場に対する詐欺に関する米国判例の動向について」 2015 年 1 月
報告者　黒沼悦郎　早稲田大学大学院法務研究科教授

第 49 号「継続開示義務者の範囲—アメリカ法を中心に—」 2015 年 3 月
報告者　飯田秀総　神戸大学大学院法学研究科准教授

第 50 号「証券会社の破綻と投資者保護基金 2015 年 5 月
—金融商品取引法と預金保険法の交錯—」
報告者　山田剛志　成城大学大学院法学研究科教授

第 51 号「インサイダー取引規制と自己株式」 2015 年 7 月
報告者　前田雅弘　京都大学大学院法学研究科教授

第 52 号「金商法において利用されない制度と利用される制度の制限」 2015 年 8 月
報告者　松尾直彦　東京大学大学院法学政治学研究科
客員教授・弁護士

第 53 号「証券訴訟を巡る近時の諸問題 2015 年10月
—流通市場において不実開示を行った提出会社の責任を中心に—」
報告者　太田 洋 西村あさひ法律事務所パートナー・弁護士

第 54 号「適合性の原則」 2016 年 3 月
報告者　川口恭弘　同志社大学大学院法学研究科教授

第 55 号「金商法の観点から見たコーポレートガバナンス・コード」 2016 年 5 月
報告者　神作裕之　東京大学大学院法学政治学研究科教授

第 56 号「ＥＵにおける投資型クラウドファンディング規制」 2016 年 7 月
報告者　松尾健一　大阪大学大学院法学研究科准教授

第 57 号「上場会社による種類株式の利用」 2016 年 9 月
報告者　加藤貴仁　東京大学大学院法学政治学研究科准教授

第58号「公開買付前置型キャッシュアウトにおける　2016年11月
価格決定請求と公正な対価」
報告者　藤田友敬　東京大学大学院法学政治学研究科教授

第59号「平成26年会社法改正後のキャッシュ・アウト法制」2017年1月
報告者　中東正文　名古屋大学大学院法学研究科教授

第60号「流通市場の投資家による発行会社に対する証券訴訟の実態」2017年3月
報告者　後藤　元　東京大学大学院法学政治学研究科准教授

第61号「米国における投資助言業者（investment adviser）　2017年5月
の負う信認義務」
報告者　萬澤陽子　専修大学法学部准教授･当研究所客員研究員

第62号「最近の金融商品取引法の改正について」　2018年2月
報告者　小森卓郎　金融庁総務企画局市場課長

第63号「監査報告書の見直し」　2018年3月
報告者　弥永真生　筑波大学ビジネスサイエンス系
ビジネス科学研究科教授

第64号「フェア・ディスクロージャー・ルールについて」　2018年6月
報告者　大崎貞和　野村総合研究所未来創発センターフェロー

第65号「外国為替証拠金取引のレバレッジ規制」　2018年8月
報告者　飯田秀総　東京大学大学院法学政治学研究科准教授

第66号「一般的不公正取引規制に関する一考察」　2018年12月
報告者　松井秀征　立教大学法学部教授

第67号「仮想通貨・ＩＣＯに関する法規制・自主規制」　2019年3月
報告者　河村賢治　立教大学大学院法務研究科教授

第68号「投資信託･投資法人関連法制に関する問題意識について」2019年5月
報告者　松尾直彦　東京大学大学院法学政治学研究科
客員教授・弁護士

第69号「「政策保有株式」に関する開示規制の再構築について」2019年7月
報告者　加藤貴仁　東京大学大学院法学政治学研究科教授

第70号「複数議決権株式を用いた株主構造のコントロール」2019年11月
報告者　松井智予　上智大学大学院法学研究科教授

第71号「会社法・証券法における分散台帳の利用　2020年2月
―デラウェア州会社法改正などを参考として」
報告者　小出　篤　学習院大学法学部教授

第72号「スチュワードシップコードの目的とその多様性」　2020年5月
報告者　後藤　元　東京大学大学院法学政治学研究科教授

第73号「インデックスファンドとコーポレートガバナンス」2020年7月
報告者　松尾健一　大阪大学大学院高等司法研究科教授

購入を希望される方は、一般書店または当研究所までお申し込み下さい。
当研究所の出版物案内は研究所のホームページ http://www.jsri.or.jp/ にてご覧いただけます。

金融商品取引法研究会研究記録　第74号
株対価M&A/株式交付制度について
令和2年8月24日
定価（本体500円＋税）

編　者　金融商品取引法研究会
発行者　公益財団法人　日本証券経済研究所
東京都中央区日本橋2-11-2
〒103-0027
電話　03（6225）2326代表
URL: http://www.jsri.or.jp

ISBN978-4-89032-690-7 C3032 ¥500E